流浪紐西蘭，
車子就是我的家

不只打工度假，
實現夢想的
瘋狂270天

洪舜勇————著

自序

～～～～～～～～～

　　我渾然不覺時間消逝得如此迅捷，那些事彷彿昨夜剛發生，那麼深刻和清晰，其實是多年前。

　　2010年，我念的碩士課程僅有一年就畢業。那一年，我29歲，生命邁入另一個里程碑。我生起了一種惶恐，和所有30歲症候群一樣，好像所有的青春將在邁向30歲這瞬間消逝。那些可以不計代價，那些可以任意瘋狂揮霍的年歲轉眼既去。回首過去，我人生漫漫長路，居然充斥著俗氣和煩膩。那些依循著常軌的生活，像一隻巨大的猛獸，貪婪吞噬了前半生。我為過去匆匆而過的歲月不勝欷歔。

　　我仍記得下決心的那一刻，宛如一場夢。家人，朋友，師長，老闆個個對這項決定感到錯愕。勇氣和緣份成就了這個旅程，當然還包括衝動。申請打工度假簽證只要區區兩分種，往後的經歷就叫我一輩子難忘。那個對著星空的夜晚、那個躲在廚房烘培糕點的下午、那個吃巧克力草莓蛋糕的夏天，那個隻身上深山的探險、那個露宿街頭的冬夜、那個貨車被盜的無可奈何、也因為這樣的經歷，在往後的歲月，我的生命越發堅韌。母親在送走我的那一刻，眼泛淚光。那是送我去搭地鐵上飛機的那一剎那，我的心被揪緊，這是我第一次離家，離我愛的人那麼遠。

　　這本書，寫得有些反反覆覆，我先是獲得中國報的專欄，偶而投稿予各家報章。全書可說是所有投稿文章的結集。不敢自認文學底蘊深厚，卻仍期望文章滲透些文學因素，所以文章都以不同的風格呈現。籍此機會感謝各家報章。

　　對於在路上的日子，我很感謝這一路，陪我走過的人，不論是有緣見面，或是僅僅耳聞，或在面臉書上的結交都令我覺得彌足珍貴。醜陋的

邂逅，我識為上帝給予我的考驗。這些人就如同一面鏡子，時時給予我警惕，從其他旅人的交流中，我不斷地反省。旅行給我最大的好處並非尋找自我，那顯得有些陳腔濫調，而是陌生的環境中探索另一個自己。另一個自己是多麼的美好，誠實，有責任感，有正義感。這些高尚的價值，被社會功利主義腐蝕。因為功利主義，我們會迷失，也因為迷失，我開始對對錯黑白是非迷茫，所有的真相被揭發，所有人性被嚴重扭曲。旅行就是最好的空間讓你思考，讓思想沉澱，頓然領悟人生之中的好多事，有時令人心痛和惆悵。人與人之間的交流和接觸本來就充滿隔閡和齟齬，即便如何契合的關係，自我存在感總會形成一層保護罩，無形中，它築起了一道牆，整個社會結構變得複雜而人情就變得淡薄。揭開每一個真相，如同頓悟真理，佛理開示，我不得不喟嘆人生有別於一切想像。

旅途中遇到的人事，總挑起心裡是非善惡的掙扎。無奈每一個舉動，看似細心，卻免不了考慮不周，經歷每一件事情，就像心靈淨化的洗禮。靈魂獲得開示，我依著自己的信仰和理念，最終發現原來一切都不管用，有些灰色地帶需要被理解。我逐漸轉型以不同的焦距凝視人生。每一件事的原委都有跡可循，我感恩自己仍能分辨是非的能力。在國外，生活是如此虛靜恬淡，卻能在短促的時光找到了快樂的根源，既使是最平淡的小鎮，我也有法化腐朽為神奇。那是天生洞悉心性使然。我習慣記憶。回國後，侃侃而談那些瑣碎的事，燃起了這本書的書寫。

在此感謝我的父母，因為他們容忍和放縱，才有了這趟旅程，才有了這本書。我希望若干年後，當我回顧這趟旅程後，那些所有發生的事，不管是開心或不開心，都可以被記載下來，在我充滿彷徨無助時，它就是明燈，我清楚地瞭解到這就是我的宿命。

最後，想給這本書的讀者一句最簡單的話。
「夢想就在你踏出那一步開始。」

目次 CONTENTS

Chapter 2 自在的蒼涼飄蕩

南島的荒涼，即便再怎麼樂觀開朗，都難掩它的寂寥，
唯有自在地遊走，才是最好的歸宿。

Chapter 1

北方的愛恨交織

傳說毛利人死後，靈魂會飄到北方。
我以一顆謙卑虔誠的心來這裡朝聖。

01 難忘那一夜煙火

在生命的斷層裡，我相信總有煙火，盈盈發亮。

　　有時候，我一直在思索，人活著的意義是什麼？人生一定非得隨著預訂好的軌道踽踽前行？念書、工作、戀愛、結婚、生子，那豈不是太無趣了？於是我萌起了叛逆的念頭，在我工作的第五個年頭，忽然決定出走。沒有知會家人，就買了機票和申請了紐西蘭打工度假簽證，沒有充裕的時間，就草草的打包行李。當然，在這一切並非偶然，我一直都有隻身背包旅行的習慣，只是未曾像現在如此這般將工作、家人、碩士的課業，拋諸腦後，頭也不回的栽了進去。在2010年的紐西蘭夏天，我踩上了南半球這片美麗的國度。

　　飛機降落奧克蘭（Auckland）這座大都會時，已是傍晚時分。奧克蘭非我首站，卻是所有外國旅客進入紐西蘭的必經之路。夏日晝長夜短，我在皇后街熙熙攘攘的人龍中溜達，始終找不到落腳處。剛剛隨同小巴上認識的三個墨西哥人到欲訂的ABC大本營民宿（ABC Base Camp）。縱然價錢廉宜，卻必須長住，不適合我這隨時離去的旅人，只好再找找看。背著比我身軀還厚重的大背包，連坐在酒吧喝酒的大叔都豎起了大拇指讚好。我在阡陌縱橫的馬路徘徊良久。最後，在離市區螢遠的弗裡曼灣（Freemans Bay）找到一家民宿歇腳。

　　「有房嗎？」

　　「沒有了。」

　　「嚇，沒房了，怎麼辦，我累了，再也走不到市區了？」我廢然地蹲坐在屋簷下，幾乎是哀求的。

「好，讓我再瞧瞧去，待會。」接頭的日本員工在印度老闆娘的通融下，答應收留我待在客廳的沙發。我忙不迭地磕頭如搗芋。

話說回來，其實這天是12月31日，這裡晚上12點整會有新年煙花表演。我很快地就和其他的宿友混熟了，大家相約去城裡看看新年的慶典活動。有來自日本的米可（Miko），周遊列國的德國夫婦，兩個新加坡人，還有一位同樣來這裡打工度假的德國人。奧克蘭是海港城市，又名帆船之城。每年1月尾，這裡就會舉行一年一度的帆船比賽。市中心的地標是一座高聳入雲的天塔（Sky Tower），此塔高達三百二十八公尺，每一天成千上萬的人都會從塔頂凌空而下，塔底是一家賭場，是我們今晚的目的地。穿過奧克蘭的主要街道——皇后街（Queen Street），只見便利商店、酒吧、咖啡廳、中式、日式、韓式、西式的速食店林立，大約是回應逐年增長的各國留學生。今晚，因為跨年晚會，早已萬頭攢動，人人手上一瓶啤酒，叼著香菸，隨著商場的音樂扭動著軀體。毛利人在路上遊行，踩著高蹺，口吐火焰。樂團在臨街搭起高臺，隨著鼓哨和吉他的節奏，引吭高唱，有點歌舞生平的韻味。我們在一家酒吧的入口處，驚豔於不同於紐西蘭文化的印度舞蹈。一群黑黝黝的婀娜軀體，散發狐媚的氣味，五光十色，身邊周遊列國的德國人，不覺謂歎，渾如身處印度。

當天晚上的煙花表演也不遑多讓，從塔尖噴發而出的燦爛煙火，分外奪目。我們沉浸在一片喜悅之中。回到民宿，我們並沒有匆匆入眠。開了小小的派對慶祝，心知翌日便各分陽關，再無相見之日了。

我在奧克蘭待了長達一個星期。其間遍遊這裡的幾處著名的景點，都是乘小巴，或渡輪。霍拉奇灣群島（Hauraki Gulf），是遊客必游之地，包括藍吉多多島（Rangitoto Island）、威赫基島（Waiheke Island）、大堡島（Great Barrier Island）、德文港（Devonport）。藍吉多多島是一座沉寂六百年的死火山。那天同新加坡的朋友攀上島的頂峰，鳥瞰奧克蘭市景，被美景憾住了。走了一整天的環島步道，連鞋底也磨破了，我們累得躺在

碼頭睡著了。威赫基島可騎單車遊玩或搭巴士，是盛產葡萄酒的地方。我第一次在紐西蘭境內露營就在那裡，租了一天的營地，卻連睡了兩天，再隔日逃之夭夭的驚險，仍有心有餘悸。桃子巧克力，你吃過嗎？我在德文港就吃過了，香甜可口，在這充滿維多利亞式與愛德華式建築的小鎮裡，一面吃著巧克力，一面看著和樂融融溫馨的家庭野餐，是多麼幸福的事呀。

只是我知道幸福即將遠離，在我身上的盤纏像流水般消逝後。我必須緊快加入打工一族的行列。一星期後，我搭上了往內皮爾（Napier）的巴士追求我的夢想去了。

耶誕節剛過的奧克蘭，有巨型的聖誕老公公和麋鹿相伴，倍感溫馨。

1　前往藍吉多多島的渡輪上，可以看見美麗的奧克蘭全貌。

2　接近碼頭有咖啡廳，遊島回程後，可坐下來享受溫暖的午後。

02 原來是一場夢

陽光魯莽闖入我的寐寤中，驚擾一場夏季之夢。

　　嬌豔欲滴的奇異果累累高掛在枝丫上，我坐在樹下好整以暇把腰包裡的巧克力餅乾掏了出來，津津有味的嚼了起來。正感到愜意之際，忽然眼前的風景迅然轉變，奇異果像彈雨般傾盆而下。呀，發生什麼事？地震？倉皇間，我狼狽地逃出園林，回首張望。咦，奇異果呢？不見了。一片紫色的果海蔓延到山的盡頭，伴隨連綿的雪山。是葡萄啊，伸手採摘葡萄，往嘴一送，一股酸澀的味道在我的味蕾爆開來。我喜歡葡萄酸澀混甜的味道，於是我開始貪心起來，大步大步往前走，彷彿所有的園林葡萄都屬於我的，任意採摘，大口大口地嚼了起來，就在我沉浸在溫柔甜美的葡萄汁之中。忽然，腳下一陣懸空，毫無預警，瞬間墜落。我驚恍，欲呼喊求救，卻發不出聲音。我被漩渦帶到一間工廠去了，紅潤色澤的蘋果從輸送帶流了出來，饞嘴的我想要撈起兩粒蘋果嚐嚐，卻撈個空？奇怪，雙手竟然穿透蘋果，難道我的靈魂出了竅？

　　「喂喂，到了，德布基（Te Puke）到了。」迷迷糊糊中，我被一股龐大的巨手搖回現實。身旁的老外用似笑非笑的表情盯著我看，只見攤在腿上的孤獨星球（Lonely Planet），沾滿了我的口水漬，原來是一場夢。

　　「司機大叔，等下。」我匆匆忙忙地下了車，看著小巴揚長而去，站在旅遊中心（I-Site）後的巴士站，等著來接我的阿肯（Ken）。

　　事後回想起來，總覺得自己蠻膽大妄為的。我、阿肯和接電話的阿山姆（Sam）素昧平生。當時在內皮爾因為沒有汽車的緣故，遲遲找不到工作，在臺灣背包客網站，無意間發現德布基的阿山姆招員工的廣告，撥了電話給他。

「你上來吧，這裡有工作，你到車站，阿肯就會去接你。」

當天，我就買了車票去德布基。德布基由於長年盛產奇異果，所以被稱為世界奇異果的首都，在我看來充其量只不過是一個小鎮。每年3月至4月奇異果豐收時，大批的背包客蜂擁而至，所以當山姆告訴我這裡有工作機會時，我先是一愣，那時是1月，奇異果還未成熟，哪來了工作？我懷著半信半疑的態度，坐上了阿肯的車。說實在，我對阿肯和阿山姆一無所知，其實對他們懷著戒備和心防，他們是奇異果的老闆嗎？還是工頭？當我決定前往紐西蘭，前輩們紛紛告誡，絕不依靠工頭找工，背包客被騙的事情時有耳聞。無奈，初到紐西蘭，人生地不熟，加上沒有車子的不便，只好硬著頭皮撥了電話去。這時，在車上，我和阿肯聊開來，發現他來自雙溪大年，兩人開始以福建話交談。

車子很快地轉進了一家雙層樓房的庭院裡，應該是員工宿舍吧。當我走進屋裡時，感到非常錯愕。紐西蘭的房子除了大門鎖之外，居然沒有房鎖，這著實讓人有點不放心的。廚房只有簡單的廚具，一般的紐西蘭廚房一定會有的烤箱、微波爐、烤麵包機、電鍋等。阿肯說他去接另一個新員工，就離我而去了。

	4
1	
2	3

1　塞卡（Seeka）的金果園，夏天的午後，悠雅地坐在園裡的地上，是寫意的事呀。
2　在果園裡看見奇怪的奇異果，特別把它摘了下來。
3　離德馬拉（Te Mara）果園不遠的農場，竟然讓我看見了這只高山牛，好可愛喲。
4　金果成熟時，累累的果肉，引人採摘。

03 剪藤枝不簡單

29歲那年，終於發現紐西蘭剪藤枝並不簡單。

清晨，我在熹微的日光中醒來，望著窗外詭異莫名的赭紅色。這是我在德布基工作的第一天。

我在這裡認識同我一天到來的撒母耳（Samuel），來自臺灣的鄧肯（Duncan），來自柔佛的阿布和美巒，還有狄倫（Dylan），我們全住在同一個屋簷下。當然，屋裡除了我五人之外，樓上都住滿了奇異果場的全職員工，他們都是馬來西亞人，為了生活，每年離鄉背景到紐西蘭，在長達六個月的時間，努力地賺取一年的生活費，他們連護照都由公司包管。每當遇到警察，他們只能出示自己紐西蘭內陸稅收局的帳號，再由公司同警方接洽。

「我們沒你們這麼好命，護照自己保管，要走就走。」樓上的全職員工，第一天見到我時就哀戚地說。

果園的工作並不如想像中惬意好玩。每天7點領班就來接我和撒母耳去果園。男的就負責夏季剪公樹枝，女的就負責選果。奇異果有分金果和青果，青果皮較粗糙，金果則有尖銳的臀部。我在這一個星期，幾乎只在青果園工作。工作的內容是修剪公樹枝，奇異果樹有公母樹之分。由於奇異果是藤蔓植物，公樹常常長出細長的藤枝，藤枝越長，就不由自主地纏繞在建好的鐵線上，進而阻擋了陽光的照耀，而影響奇異果的成長進度。我們的工作就是把這些多餘的藤枝通通「喀嚓」一聲剪掉了。看似簡單明瞭，其實費了我好大的勁才學會，首先要會分辨公樹母樹，絕不可錯剪母樹，或把果實給剪了下來。我常常誤剪水果，惹來領班的大聲謾罵，不然

就是動作太慢，還得勞煩隊友幫我收尾。在加上夏日晝長夜短，常常，我們在傍晚8、9點才精疲力盡地回家去，期望明天快點下雨，好讓我們可以休息一天。是的，果園的工作是計時式的，得看老天爺的臉色做事。他老人家大發慈悲，我們一連工作了七天，賺得盆溢缽滿。要是他老人家一發起飆來，連下數天大雨，我們只能望著潮濕的天氣，歎口氣來。要知無論開工與否，房租夥糧皆須付，入不敷出的時候，最讓人惴惴不安了。

每天放工回家是令人期待，除了告別繁忙和日曬，往往廚房變成了屋友互相交流的好所在。我們輪流著煮食，晚餐，次日的午餐，下午茶，每一餐，我們都不肯放鬆，把自己的廚藝發揮得淋漓盡致。隔壁房間的阿布和美鑾，把香噴噴的雞飯端了出來的一剎那，有一種幸福的感覺。偶爾狄倫心血來潮，就煮了義大利麵，或烘培蛋糕，雖然並非每次都成功把蛋糕烘了起來，我卻在他身上看見毅力與勇氣。相形之下，我就沒什麼廚藝分享，所以天天都必須等到大夥都把鍋碗瓢勺都洗好後，才默默兀自地下廚。

紐西蘭工作時間，法定每兩個小時，就有十五分鐘的抽菸歇息時間（Smoko）。一日抽菸歇息時間，我同我的領班華哥聊了起來。華哥年紀約有50歲上下，捲燙的黑髮，頂著肚腩，一襲白色的衣服，鼓鼓的腮幫子。

「你一年回馬來西亞多少次呀？」

「沒有回去。」

「什麼？沒有回，你家人呢？」

「怎麼回，老闆說回了就不用回來了，哪敢回家。」

「新年呢？」

「新年也不可以回呀。」

「不過我女兒要上來了，她要到紐西蘭來讀大學。」

「喏，吃個安紮克餅乾（Anzac）吧。」華哥從皮囊腰包裡掏出了一包餅乾，遞了給我。我坐在奇異果園鬆軟的泥地上，猛烈的大日頭嘯然引

退，陰霾像操步的衛兵，逐漸聚攏。也許，我太幸運了，也許我還很年輕，我不懂為什麼父母一直要給孩子付出這麼多，像我一個以自我為中心的人難於想像有一天會為兒女而冷汗涔涔，也許這就是為什麼我會坐在這裡。記得幾天前，華哥載我到街尾的印度雜貨店去買日常用品。印度店散發出撲鼻的辣椒味，瀰漫在空氣間，華哥選著一個大白蘿蔔，命我同店主問價。那一刻，我才赫然驚覺華哥不諳英語，卻可以在陌生的環境生活了數十年，如果不是愛的力量，那會是什麼？

「為什麼紐西蘭的房子沒有房鎖？」將近兩個星期在德布基後，我忍不住提出疑問。第一天工作那天，我對於門戶敞開，卻空無一人的房子，滿屋子的電腦、相機、錄影機著實有些不放心。「這裡很安全，很少罪案發生。」樓上的劉胸有成竹地答道。

「是嗎？」俺半信半疑。

「偶爾會有宵小，會進來偷走手提電腦啦。」

「什麼，怎麼辦？沒有人報警嗎？」

「報警又怎樣，他們知道是毛利人幹的。」

我不知道這句話的真實性，但是我確實知道毛利人在這片土地下享有原始的特權。做為紐西蘭的原住民，毛利人曾經因為貧窮而被受歧視，直到阿比雷納（Apirana Ngata）的出現，他推動立法，開發毛利人的土地，大大提升了毛利人的生活水準。

「如果你的錢財不見了，警方頂多幫你找到護照，他們才不會把人給供出來，你只好自認倒楣了。」説得一派鏗鏘有聲，令人不得不信服。當然所有的一切在我在紐西蘭幾個月後就一一親證了。彷彿一切都是命中註定，逃也逃不了。我忽然很相信命運，如逃脫不了的韁繩，纏繞著我。

那一天晚上，我孤單的坐在床沿，想念我遠在咫尺之外的家人，就如華哥惦念他的女兒，樓上的園工惦念他的親人一樣。

04 飛翔的感覺

如果不是飛翔，我看見的世界是渺小的。如果不是飛翔，我一意孤行地認為宇宙只是那麼大，原來我只活在自己的世界裡。

楔子

「我是一隻小小小小鳥，想要飛呀飛卻飛也飛不高。我尋尋覓覓，尋尋覓覓一個溫暖的懷抱，這樣的要求算不算太高」

原唱：趙傳。

「*I believe I can fly*
I believe I can touch the sky
I think about it every night and day
Spread my wings and fly away」

原唱：R Kelly

　　不知什麼時候開始，我忽然愛上飛翔，希望自己寬厚的肩背上，安上一雙豐盈的羽翼。只要我願意，張一張翅膀，騰空一躍，整個人就懸掛在天空中。也許，我是被趙傳影響，潛意識裡，我就冀望自己是一隻小小鳥，一隻想要飛呀飛卻飛也飛不高的小鳥，又或許R Kelly影響了我，我相信自己能夠翱翔。在懸崖峭壁，我張開迎風的翅膀，筆直向前，腳不著地飛奔，健步如風，將近崖緣，凌空一躍，身子便輕盈了起來。那一刹那，

我就像一隻在空中飛翔的小鳥，扇動著羽翼，啪嚓啪嚓的聲響。我越過了壯麗的山河，跨過堪藍的汪洋，就在我幾乎錯覺自己是一隻小鳥的時候，哥哥就會把我從夢中喚醒，因為上學快遲到了。

升上中學了以後，飛翔的夢想並沒有實現，卻意外地愛上飛機。我不再相信自己會長出翅膀這樣荒繆的遐想，但是終會相信自己會登上飛機。第一次飛行，竟然是大學畢業以後，到東馬公幹。我記得那一天，當飛機師的聲音從播音器中揚起，飛機如萬馬奔騰在跑道上急馳，我的頭顱不覺籠罩著一片暈眩，好不容易，喘了一口氣，卻見窗外的萬家燈火的景象稍縱即逝，被無盡靜謐的黑暗給吞噬了。我在逼仄狹隘的飛機艙裡，產生了貪念。窄小的視窗不再能滿足我。

所以那一天，當我在羅陀魯阿（Rotorua）的旅遊中心瞥見高空跳傘的配套，就毫不猶豫地訂了下來。因為那是實現我多年飛行夢想的機會，不再是被關在狹隘的空間裡，而是赤裸裸地飄在空氣中。登上飛機前，教練先讓我觀賞跳前準備的錄影，大略地解說跳傘的安全措施，跳機前後和開傘前後應有動作等。同我坐在大廳是一對年過六十花甲的老婦朋友，聽聞她們兩人都是第一次跳傘，讓我有點訝異，畢竟在紐西蘭這裡，專業的跳傘員比比皆是，遼闊的地域環境，正適合跳傘呀！

「我也會害怕，所以一直拖到今天。」老婦幽幽地說，身邊的丈夫緊緊地抱著她，以示鼓勵。我同跳傘教練，飛機師，錄影員一起坐進一架赤紅色的小型飛機。飛機在跑道上起飛時，我心情的忐忑與飛機師跳傘員和錄影員的從容形成強烈的對比，他們正談笑自若，完全不當作一回事。錄影員一邊安慰我，一邊介紹窗外的風景。

「這是羅陀地湖（Lake Roitoiti），這是塔拉威拉山（Mt. Tarawera）。」其實，我的心跳與脈搏的聲音撲通撲通地響著，連跳傘教練，錄影員都可以聽見。他們試圖說些笑話，把繃緊的氣氛融和開來。

　　「現在是一萬兩千尺。」錄影員不疾不徐地望著手上的氣壓錶。跳傘員再次檢查我身上的裝備，確保萬無一失，我知道再升上三千尺，可拍的命運就將降臨在我身上。環目四顧，空氣變得有些森冷，我的毛孔逐漸擴張，冷汗涔涔落下。「什麼想要飛，簡直是犯賤。」我心裡嘀咕著。害怕和恐懼像揮之不去的蛆蟲，在我的神經和骨髓蠕動。我開始後悔自己的決定。我嘴中翕動，念念有詞，祈禱各方神明。

　　突然，機門被打開，身後的跳傘教練挪動著身子移到門口。一股冷冽的寒風猛烈地拍打著我的臉，強勁的大風像一隻小丑的手，把我的面容輪廓扭成一團。依照吩咐，我把身子拗成彎彎曲曲的香蕉，一股龐大的風力，把我和跳傘教練從冰冷的機艙拋了出來，就像是失控的氣球，腎上腺素爆表而破。就在千鈞一髮之際，我忽然見到遠處一片祥和的光芒，須臾間，恐懼、害怕蕩然無存。

　　飛起來，我真的飛起來。彷彿回到小時候的夢裡，體態輕盈，越過無數的山河湖泊。我曉得自己其實是井繩般直線下降，卻渾然不覺，也許因為我們飛得太高了，在一萬五千尺以時速兩百公里落下，短短的一分鐘的時間，卻如在空中翱翔。終於我可以飛了，終於我真的飛了起來，直到降落傘張開的一剎那，我兀自莫名地感動。

　　每一次飛行，總帶給我某些人生啟示。年輕時，我們總會有些夢想，當時不知夢想多麼遙遠，卻發現夢想是我們前進的動力，就正如我小時候希望自己擁有翅膀一樣。等到年長了一些，我們看見了現實和夢想距離遙遠，便退而求其次，選擇另一種方式實現夢想。當我們終於實現了夢想，赫然發現其實夢想並不如想像中美好，也許有些事情應該停留在想像裡。

1　驚險重重，高一萬五千尺的自由降落（Freefall）擺出姿勢其實很辛苦。

2　剛從飛機上躍下來的一幕，怵目驚心。

05 德布亞（Te Puia）逃票記事簿

我不是故意的，天使與魔鬼之間，我選擇了後者。

　　每一個背包客都有逃票的經驗，我也不例外。逃票有時候是為了省錢，有時候是為了生活刺激，有時是那段時間花太多錢了，所以當看見有機會就乘機逃票。我在羅陀魯阿就有機會逃票前往德布亞，但是我不是故意的。

　　事情是這樣的，我在羅托魯阿旅行數日。聽說德布亞舉辦了一年一度的歌劇，很想一睹個究竟，倏然就買了劇票。德布亞是紐西蘭毛利藝術及工藝學院，是個瞭解毛利文化的好所在，住在羅托魯阿背包客棧的我，一直聽到老闆娘絮絮叨叨地遊說我去，但礙於盤纏不足，所以只肯放在心上。

　　直到我在旅遊書看見了赫赫有名的坡胡度（Pohutu）間歇泉，座落在德布亞的正中央。我以為憑著劇院的票就可以一探究竟，所以我早早就乘搭巴士前往。歌劇在晚上7點開始，而德布亞在5點30分關閉。我天真地以為只要早一點進德布亞去，就可以一覽無餘，省掉早上的入門票。誰知，當我到達，只有下午4點30分，正要憑票走進去，卻被拒於門外。

　　「喏，這張劇票下午6點才可入場，而且只能賞劇。」守門員面無表情，語氣冰冷，我的心也冷了半截。還不死心，我走到售票處詢問，仍然是鐵面無私的表情。這下可好啦，白來一場。我百無聊賴地坐在紀念品店前的小凳子發呆，心裡盤算如何打發這兩個小時。

　　無奈，只好看一下禮品店。這家禮品店賣的都是紐西蘭的工藝品，有火山泥護膚霜、奇異果巧克力、硫磺香皂、毛利人的雕塑；琳瑯滿目，

應有盡有。我仔細端詳著眼前的一件毛利人的編裙，好不美觀。「咦，這裡不是一道門嗎？」那是一道玻璃門，夏日耀眼的光芒暖燦燦地穿透進來，與店內的紐西蘭玉石相互輝映。門簷處懸著不准進入的警示，卻起不了阻嚇作用。大批大批的旅客居然不顧警告穿門而過。我猜想他們是剛逛完德布亞，從這扇門進入禮品店，然後在走回園內，他們持合法的票，當然可以大刺刺地走進去。靈機一動，為什麼我就不能混進人群，心念一動，馬上行動，我躡手躡腳地超人潮湧去，不久，就如浪花般流進園裡。

　　走進園裡，我見無人發覺，倒呼了一口氣。先不要走遠，先在近處看看。我屏神憋氣，就在玻璃門對面的雕刻藝術學校看看。我悄悄地步入學校，瞥見了一個身材魁梧，全身刻滿刺青紋身的毛利人逕自埋首，對這眼前的小木塊又剔又揉，我不知他在幹什麼，傾前一看，忽然他抬起頭來，凝視著我，我著實嚇了一跳，他專注的神情直看得我心裡有些發毛，莫非我被發現了？轉念一想，他們就算懷疑，總不能檢查我的票。我故作鎮定地問他在幹嘛。「嘘……」他沒有回答，又埋首做他的事，好像我是透明的一樣，也好，最好這裡的人都當我不存在的，我就可以肆無忌憚地逛，不覺心裡笑了出來，還為自己沒被發現而開心。於是，我勇氣大了起來，就決定走遠些，反正管理人說不定只當我是合法遊客，他們不會人人都查票。所幸，剛剛進禮品店曾向售票員索討地圖，此刻可以派上用場。

　　我不知道自己還有多少時間，我只知道5點30分德布亞就會打烊，為晚上的歌劇做準備，我並沒有想去看很多景點，我只想去看出名的坡胡度噴泉。傳說的玻胡度間歇泉一日可噴發數次，一次可達四十分鐘，可達三十至四十米，說有多壯觀，就有多壯觀。我對之有深厚的憧憬。由於現在是將要打烊的時間，我在霧氣氤氳間獨行。人潮已退卻，卻只有小貓兩三隻，管理員不鬆懈，所以我也打起十二分精神。前往間歇泉必會經過毛利人大禮堂，那是今晚歌劇院的所在。那裡有許多工作人員正手忙腳亂地張羅著。必須躲開他們的視線才行，不然待會兒，他們忽然發現我這麼晚

了仍在園裡跑，不吆喝我才怪呢。輕手輕腳地，我見沒人，一溜煙似地跑進遠處的煙霧裡。

沙沙聲響，我不覺被噴泉聲吸引，定睛一看。唔，這不是坡胡度嗎？眼前一座小橋，建在熱氣之上，霧氣朦朧，龐大的岩石中間，砰的一聲，水傾瀉而出，水花四濺，水氣朝我們湧了過來。奇怪的是，我卻不覺得被燙傷，石頭不是白色的，黃澄澄的，是被硫磺蹂躪的傑作。水劍拔弩張，高聳入雲。石畔凝聚成小池，池水可是喝不得，滾燙得快融化。我看著這夢幻的一幕，有那麼一刻，我覺得水忽然爆了開來，把我層層包圍，就把我捲上天際。我托一位澳洲的遊客幫我照相，覺得有些面熟，細談之下，渾然就是昨晚一起參加毛利文化夜一道同行之人。

看完後仍不善罷干休，我頭也不回的往前走，憑著我有晚上歌舞劇的票，縱然已經過了5點30分，我覺得只要沒人發覺，就可以任意地走，然後7點才神不知鬼不覺得出現在毛利人大禮堂。我以為我很聰明，我以為我的如意算盤打得好，我以為我很幸運，我以為可以瞞天過海，但人算不如天算。

「喂，你還在這裡幹什麼？現在已經6點了。」

管理員渾厚的聲音在我身後響起。我的腎上腺素極速上升，背部透著一股涼意。怎麼辦，該不會發現我沒買票吧。我強作鎮定，也許只是逾時逗留，他才生氣。他應該不會查票吧。而且現在我也不好意識把歌劇院的票掏出來。其他歌劇觀眾還沒入場。我轉過身去，木訥的臉上硬擠出一抹笑容，陪笑道：「對不起，我這就出去。」不待他說完，我快步走了出去，他則在身後尾隨著我。偶爾我走錯了岔道，他就在後面糾正，這條路好漫長，是我走的最漫長的道路，好像幾百年也走不完，我實在害怕他忽然命我把票拿出來，我就完了。好不容易，我走到大門口，三步並作兩步地走出大門。門口，人潮洶湧，正排著隊進去看歌劇。

　　脫下四框眼鏡，把褐色外套脫下往包包裡塞，誠然就是另一個人，我的易容術太簡單了

　　那天晚上的歌劇很好聽。

▌羅陀魯阿的地標，就是這一間毛利人建築風格的博物館。

1　迷濛的坡胡度噴泉。
2　威滿谷火山谷地（Waimangu
　　Volcanic Valley）的鳥巢平臺
　　（Bird Nest Terrace），顏色
　　斑斕璀璨，交織在一起。

1 黑糊糊的泥漿，濃稠糊膩的，初時，她有些靦腆，只敢羞澀探出頭來，等到酷熱難擋，噗
哧一聲，從漿汁裡鑽了出來，像大熱天在水裡游泳的少女，出水芙蓉般美麗。

2 白色的大理石露臺（Marble Terraces）。

3 威滿谷火山谷地的滾燙湖（Frying Pan Lake），若不慎墜入湖中，應該瞬間化為骷髏。

香檳池（Champagne Pool）。

06 走進書裡雙子城

那是一本古典文學，我埋頭苦讀，意外的，我走進了書裡，
像夢一樣，輕輕巧巧地，就跨進去了。

是不是有兩座城市，彼此很相像，就像一對孿生姐妹一樣呢？

內皮爾和哈斯丁（Hastings）就是這兩座城，姐姐因為遠近馳名而恃
嬌生寵，妹妹卻也本著地域的優勢而個性倔強。

內皮爾和哈斯丁同是座落在紐西蘭北島東北部的和克灣（Hawke's
Bay）。姐姐內皮爾有浩瀚的太平洋依傍，如此熱情委婉。僅僅隔著二十
公里的妹妹哈斯丁卻顯得格外冰冷孤傲，緣由她有著肥沃豐饒的土地資
源，舉凡是杏仁、水蜜桃、桃子、李子、奇異果、西洋梨、莓子、櫻桃
等，一經她靈巧的魔手，就衍生不息。

我在夏秋交迭之際，穿梭在兩個城邦之間，聆聽與搜集她們倆的種
種故事和傳說。

夏季燠熱的內皮爾，永遠乾燥無味，令人火氣上升。倒是哈斯丁卻
潮濕陰涼，往往適才天氣晴朗，轉瞬間，烏雲密佈，雨水傾盆而下。我在
雨中鑽進一家藝術館，臨慕藝術世界的千奇百怪，欣賞畫家如何用色澤詮
釋一樁樁盪氣迴腸的愛情故事。我殘忍地回絕邀約我參加下個月藝術博覽
會的館長，並得寸進尺央求他把我冰冷的便當烘熱，以讓我吃得下嘴。哈
斯丁就是給我一個這樣的印象，一個和藹健談的老婦人，一間歷史悠久的
老教堂，一場曼妙動人的銅樂交響曲，還有陰晴不定的天氣，就是一本屬
於我自己的書，哈斯丁為我編寫的書。

　　兩座小城儘管性格迥異，卻曾經攜手度過苦難。那是1931年的嚴夏，太陽仍然和平常一樣冉冉升起。那天的天氣也和平常一樣，內皮爾酷熱難頂，哈斯丁淫雨霏霏。但是地龍突然打了一個呵欠。地龍並不知道它的一個呵欠，代價有多大。那一天，兩座小城的水泥鋼骨驟然瓦解坍塌，就如第二次世界大戰被原子彈轟炸的日本廣島和長崎。內皮爾和哈斯丁，一夕之間，變成一座死城。末日的降臨，土地的升遷，海水的下降，儼然就是盤古重新開天闢地。和克灣地震後平添的土地是上帝賜予內皮爾和哈斯丁的珍貴禮物。

　　我總相信上帝為你封上一道門，必會為你打開一扇窗。我總是相信重建後的內皮爾比地震前更美麗。走出傷痛的內皮爾，以一派裝飾性藝術（Art Deco）建築風格自居，呈現城市的時代精神。大膽的粗線條，外加細膩柔美圖形，裝點一間又一間的酒吧、咖啡廳、博物館與民宿。我在大街上不疾不徐地遊走，戀慕一棟棟匠心獨具的建築藝術。我喜歡建築師對生活美學的耽溺和專注，既使是一盞小街燈，一道公園的拱門，一座美人魚雕像也是獨特的生命藝術，豐富你我的視野。

　　內皮爾是一座奇妙的小城。它別出心裁的建築藝術，常令人錯覺生活慵懶，時間凝固，作息放慢，可城市的另一廂卻有會計辦公所，律師樓，房地產公司，蘋果和罐頭包裝廠，興匆匆地正趕上時間的腳步，渾然顛覆了我們對傳統城市的想像。新舊參半，一點也不覺得膩味。

　　一日週末工休出遊，一走進市區，我忽然發現有些地方不對勁，定睛一看，霍然開朗。彷彿乘坐小叮噹的時光機，我來的十七世紀的歐洲。街頭巷尾盡是穿著筆挺古典西裝服的紳士及雍容華貴的貴婦。成群的男女扶老攜幼，或坐在露天的咖啡廳，或鋪開地毯坐在沙灘上，淺嘗一杯英式下午茶。撐起小洋傘，任由寬大的圍裙佔據了方圓十裡。

　　從海洋廣場（Marine Parade）走進丁尼生街（Tennyson Street），鬧市集滿狂歡作樂的青年男女。酒吧的西洋樂隊，也即興地奏起歌來。身旁的

男女宛如被音樂點上了穴，翩翩起舞。動聽的交響曲，鼎沸的人聲，撲燈
的飛蛾形成聽覺與視覺的一大盆菜。忽然覺得這樣的場景似曾相識，驀然
回首，我見到了她就在燈火闌珊處，一顰一笑都是那麼顧盼生姿。她徐徐
地走了過來，場面瞬間如平地一聲雷高高響起，聚光燈熒熒地照在她一
身。賓利（Charles Bingley）在我身畔起鬨。我的瞳孔映照出身上的燕尾西
服，不知什麼時候竟穿在身上，原來我變身為奧斯汀（Jane Austen）筆下
《傲慢與偏見》（Pride and Prejudice）的男主角達西（Fitzwilliam Darcy）
正迎向伊利莎白（Elizabeth Bennet），一篇留傳千古的愛情故事即將粉墨
登場。咱倆遊進了舞池。我離伊利莎白那麼近。那感覺如此深刻，我不知
是自己走進書裡，還是書裡的人物飛進現實。我既是我，又是達西，我到
底是誰？我也糊塗了。

▋ 裝飾藝術周，穿著古裝的紐西蘭人就在路邊的草坪野餐。

1

2

1　成排的古董車，外加成排的裝飾性
　建築物，形成內皮爾獨有的景象。
2　夜裡的盛會，不醉不歸的內皮爾。

07 我敬佩的恩高魯荷峰 （Mt. Ngauruhoe）──你的微笑

我在你的眼眸，瞥見孤單和擔憂，連我頓覺得晦暝黝暗。
我躑躅著於快樂和不快樂之間，你也是。

　　你的出現，並非偶然，是由深深淺淺的地下溶岩擠壓而成。綿延的從東北的一座火山島蔓延到西南去。你受著名導演青睞，變換成《魔戒》（The Lord of the Rings）的獨特場景。他們說你千變萬化，在不同的季節，呈現不同的旖旎風貌。橫豎是旅者的口述，或旅遊書上的精闢筆觸，都足於構成我探訪你的千萬理由。像我一位事事要求具全的旅者，僅於一日的時間瞻仰你的英姿，絕對不能滿足。我想用四天的功夫，在你懷中甦醒過來，在初晨的，聽著你的鼾鼻聲入眠，在你漫天星辰的夜中。

　　你氣勢磅薄，面目崢嶸，對我們這些如螞蟻一樣渺小的傢伙，不屑一顧。你周身上下，孕育無數的生命，坐擁無垠的闊葉熱帶雨林，裡頭有山櫸木、圖塔拉、皇冠蕨、卡卡鸚鵡、玲鳥等芸芸眾生。你並不知道，我為了要一睹你的盧山真面目，努力和變幻無常的老天氣搏鬥。我的無知換來隻身走進深山險峻，只因我堅信生命像彈簧，韌度堅強，所以勇於挑戰生命的極限。那一天，僅穿著深色牛仔褲，一雙簡單的徒步鞋，背著小包包，左手攬著小睡袋，右手掛著小帳篷，就傻愣愣地徒步走進林裡，尋訪心靈深處最原始狀態，瞻仰大自然的鬼斧神工。

　　穿過雨後泥濘的遠足徑，終於見到了你。你在餘暉中穆然聳立，直立入天，遠看就像遙指天空的手指。你孤傲頂天，山壁寸草不生。山下平瘠乾涸的土地上，正有一間山間小屋向我招手。我坐在冷冽的風中，脫下

浸泡在水中的徒步鞋，懊惱身上的配備不足，哆嗦著凍得發紫的蒼白小腳，準備在你的腳下搭起小帳篷入眠。此時，夕陽西下，紅彤彤的太陽把天際染成一片深紅色，迎著漫天透紅的暮色，被你遮掩，有一種令人屏息的氣勢。

那一天，我攀爬上山頂，為了一探究竟。通往山上的路沒有指標，僅靠前人走過的痕跡行走，先是呈三十度的步行，到呈四十五度的攀爬，爾後是六十度的陡壁，就如攀牆走壁的壁虎，需有吸盤，方能攀上。我到最後幾乎懸在半崖，上下不得，以某種怪誕的姿勢，匍匐在崖上。原來我走錯岔道，此刻高掛半空中，眼前層巒疊嶂的蒼穹美景可暫時調緩心理懼怕。但畢竟終須自救，腳下是深壑邃溝，一不留神，就粉身碎骨。千鈞一髮之際，我唯有背靠著山壁，挪動著身子，好不容易把身子挪回沙徑，才總算呼了一口氣。繼續上山，待爬到山頂，原以為可以以最接近火山口的距離觀賞你深不可測的洞口，哪知，洞口一片霧氣氤氳，完全蒙住了我的視線。我奈心地等待著，等待風起，霧氣徐徐散去的時候。兩個小時後，一陣大風吹來，視線豁然開朗，我看見你張開嘴的洞口，朱紅色調色盤似的，洞口極深。那一刻，我是多麼的感動。因為我離你那麼接近，幾乎可以聽見你的呼吸聲。

1991年的某一天，你同魯亞佩胡火山（Mt. Ruapehu），通加里羅山（Mt. Tongariro），被宣佈為世界文化和自然遺產，那是一件光榮的事，尤其是全球第一塊同時被喻為世界文化和自然遺產的地方。我對你如何能成為文化遺址不感興趣。我只知道走過四天三夜環繞你的健行是一種接合大自然的神奇和人類精神文明的一種修行，一種拋開世俗繁騷的心靈之旅。偶爾走到一處空擴的沙漠腹地，前不見古人，後不見來者的寂寞，拋開喉嚨大聲吶喊，聽見大地給我的回音，是多麼痛快的事。

在一片觸目所及都是群山環繞和風化岩石的大自然國家公園裡，造物者的偉大工程的確讓我感慨。四天後，我乘坐小巴離開通加里羅國家公園（Tongariro National Park），轉頭一望，不覺嫣然一笑了，彷彿所有的快樂都定格在這片美麗的山河之中。

▍ 恩高魯荷峰，遠遠看去，一副凜凜不可侵犯的模樣，走在山下，感覺自己非常渺小。

翡翠湖（Emerald Lakes）在金閃閃的陽光下，閃爍著青綠色的光芒。

1　紅火山口（Red Crater），覺得造物者好神奇，化腐朽為神奇。
2　恩高魯荷峰，有沒有覺得跑進《魔戒》電影場景裡。

08 一封永遠寄不到的信

孤單時，我希望有你，你就是一帖藥，醫好了我的寂寞，
因為有你，我不再柔弱和空虛。

魂牽夢縈的月兒：

　　你可好嗎？不知不覺與你別離已經有五個春秋之久，想來你現在可逍遙了，在哪裡流浪呀？是登上巴黎鐵塔，在高空吶喊？是擠在瓦拉納西（Varanasi），瞻仰聖河的莊嚴高貴？是在澳門淺嘗好吃的葡式蛋撻？

　　我瞭解你，四海為家的宿命，彷徨而無助，在2011年的夏天，我領略到了。和你一樣，我愛上了旅行，卻常常想把步伐放慢，於是我到了這裡——內皮爾，那是我流浪的頓號，我想在這裡思索人生的定位。這座城市，我並不陌生，我曾經短暫地在這裡駐足。很快的，我找到了工作，就在一間蘋果廠裡當包裝工。抵達內皮爾的第一天，我剛從通加里羅下山，風塵僕僕地來到這裡。如果你在我身邊，我想你一定會看見，一張頹廢的大臉，是長久奔波留下來的無力感。

　　你知道我是孤單的，就算是整屋子滿滿的人，我還是找不到和我有默契的朋友。這座員工宿舍，擠滿了異鄉人。同是天涯異鄉人，理應有無限的熱情，但是我接觸的是一張張冰冷的臉孔，一鼻孔出氣的兩姐弟。一個氣溫暴冷的深夜，我央求載我回家的兩姐弟，在返家途中放我下車，到臨近的超市補貨，換來的是不耐煩的神情。結帳時，我忽然省悟自己並沒有汽車接送，而對著滿滿五公斤的白米，一盒圓滾滾的雞蛋，即溶咖啡、麵包、油鹽醬醋、果醬等發愣。那一刻、我幾乎鼻頭一酸、快流下淚來。最糟糕的是，那一次是我第一次走長長的路回家，陌生的環境，沒有地址、沒有人影、沒有噓寒問暖，只有無盡的感傷籠罩著我。天黑了，形單

影隻的我，被月光拉著長長的身影。我走了二十公里的路，亦步亦停，摸索著回家。在曲折的道路上，我氣喘吁吁一手攬著白米，一手攬著雞蛋和小紙袋，瞧見明亮的燈火向我招喚，於是，我知道我到家了，是你可憐我孤單無助，在夜裡充當了我的明燈，照亮了我，也照亮了我的旅途。我是這樣想的。

　　一個星期後，我託了工友韋恩（Wayne）幫我租賃了一間小房，房間窗明几淨。我看著新環境，就不自覺地浮起一朵笑魘。這才是屬於我的地方。屋子是白色的高腳屋——屋前、屋後、屋旁都是空闊的泥地。屋身幽長深邃，要走到我的小房，得走上長長的甬道。有點像童話裡的城堡，我心裡的城堡。屋前栽了一棵桃樹。我從第一眼就愛上了這裡，就像我愛上你一樣，沒有原因。

　　秋天的躡足近了，頻繁的秋夜甦醒是徵兆。氣溫驟然下降，令同屋的阿金（Kim）在夜裡，在行李找了一件勉強可抵禦寒氣的傘狀大衣。「應該去買些寒衣吧？」阿金若有所悟。我想起兩年前，收到你的明信片，是加拿大的秋天風光，不知是楓葉，或是槭葉。秋天就這樣無聲無息地降臨了。我仍然會常常步行到超市去，卻圍上深藍色的圍巾，戴上我在基督教徒創辦的二手商品店買的了棉帽。在那裡，只要一紐幣，就可以裝進了一大包的衣物。我深切地感受到身在異鄉生活拮据和沉痛。到超市去，總要沿著對街的池塘小徑行走，來來回回，似乎不覺得疲累。秋意正濃，鴨子和天鵝在路上行走，和我一起散步，窸窸窣窣地踩在落葉枯枝，藉著秋色凋零，風光蕭瑟，我又想起了你，正如秋風蕭瑟天氣涼，草木搖落露為霜，群雁辭歸鵠南翔，念君客遊多思腸的經典意境呀。

　　塔馬堤鎮（Tamatea）的白與賽（Pak'n Save）和新世界（New World）超市是我的最愛。我後來受了屋友的渲染，開始在假日的時候，做起麵包、餅乾、蘋果派、蘋果醬，所以便會常常趁屋友出遊時，披上外套，穿上厚靴，散步到超市採購麵粉和發粉等，然後佔據整個小廚房下廚。這裡就變成了我的一片天地。只可惜你並不在這裡，不然你可以嘗嘗我做的麵

包糕點。別擔心，我的材料可多呢。蘋果包裝廠每一天老闆都會貼心地任我們拿一些蘋果回家，還有鄰居在南瓜園裡採摘回來的南瓜。這些都是我發揮想像力，填滿了每一個百無聊賴的下午下廚材料呢！

親愛的月兒，你在旅行的時候也是這樣的吧。當你走到累了，就會停下腳步，在一個好地方住了下來，然後你就等時間像齒輪般碾了過去了。快樂，和不快樂就在生活的縫隙，冒了出來，但是你老是淡定從容的，面對這一切，彷彿所有的事情都事不關己。也許，我應該像你學習，學習你的冷靜，接受所有的變化。

好了，是該停筆了。我望著窗外，夕陽餘暉把天際染成一片紅色。我知道黑夜降臨以後，黎明將再次出現，就像人生有高低潮一樣。你說是嗎？月兒

永遠思念你的人

在內皮爾生活在一起的一家人，不知道為誰慶祝歡送會的有一天，我們調皮地扮了鬼臉。

1	2
3	

1 蘋果包裝廠的工作，在時序入秋，便格外忙碌了起來。常常，天未亮，我們驅車前往工廠，趕到太陽落下以後，我戲稱我們沒看見太陽好幾天，至到周日休假的時候。

2 蘋果由輸送帶運了出來，我們得把它裝進塔裡，擺好後再裝進箱子裡去了。

3 我們的家，516號，永遠記得每一個迷路的晚上，這黑字白底的信箱，就像天上的星星一樣，指引我回家的路，那一刻，我知道我並不孤單。

09 因為有你，我的旅途更美好

你是我生命中最重要的東西，不是財富，不是金錢，是幸福快樂。

　　我其實很早以前，就想要買車，一來是為了方便，二來每一次要出門工作，都必須乘坐屋友的車，並付上每天四紐幣的費用而感到心理不平衡，三來是因為很羨慕朋友，只要咻一聲，就可以到達目的地。

　　綜合以上種種理由，我決定買車子，當然我買車子另有目的，就是以車為家。向屋友請教後知曉在內皮爾的超市每個週三和五都有社區流動小冊子，刊登了一些賣車廣告。一家一家撥電去。起初，不知該注意什麼，先設定條件，比如油箱必須1.8cc以下，自動式，旅行車款（Wagon）。聽說日本豐田（Toyota）在紐西蘭背包客當中最吃香，是車廠強力推薦的。我的另一個屋友韋恩要回國了，急著脫售車子。然而我對它卻沒興趣。

　　每天放工過後，每當室友都熱烈在廚房準備晚餐之際，只有我一個人默默地撥了一通又一通的電話，試駕了一輛又一輛的車子，總找不到合心意的。有些剛一開啟引擎，就熄火了。有的油箱分明是2.0cc，車主卻謊稱是1.8cc。有的外觀殘破。

　　蘋果包裝廠的工友知道我要買車，便向我兜售，但是都是價錢昂貴或是油箱2.0cc以上的車子。紐西蘭汽油正當起價，所以油箱1.8cc以下的車子價錢水漲船高，轉眼間，一兩周過去，車子卻還沒有找到，錢和精力倒也耗費了不少，光是工廠檢車費用就好多了。有一天，因為尋找車子累了，我睹氣對我的屋友韋恩說：「算了，我就買你的車吧。」找一天工作的日子，我同上司申請了幾個小時的短假，匆匆地駕了車到車廠去做售前檢查，換來卻是「這輛車引擎快壞了」。我無奈地對韋恩說聲抱歉。

　　因為買不到好車子，我的臉上總會堆起了愁雲慘霧，連工友都會嗅聞空氣中微微的悲味。我開始把自己要求的條件降低。這天，看見城裡的二手車拍賣行，兜售一輛好車子，就躍躍欲試，當天請了假就過去看看。車子是光潔亮麗的白色。當我試駕了車子，竟有一種萬馬奔騰的氣勢。我感動得快哭了出來。當天下午6點，車子拍賣正式開跑，我同其他買家坐在拍賣行兩排寬厚的椅上，眼巴巴地看著買家把車從一千六百紐幣，標到四千紐幣，我再一次哭了，是心如刀割地哭了。七個星期以後，我辭去蘋果包裝廠的工作，到奧克蘭市找車去。我其實茫無頭緒，在膠樹（Gumtree）網站看見了好多好多車子廣告，都在奧克蘭出售。

　　抵達奧克蘭當天，我在圖書館附近下榻一間背包客棧，匆匆地投入一家有提供免費款頻服務的咖啡廳，上網搜尋，並撥了電話聯絡賣家，居然發現很多賣家仍未身在奧克蘭，欲哭無淚之際，就在背包客的櫃檯上看見一椿椿的賣車廣告。撥電，接駁的嘟嘟聲在我心裡迴盪著。好不容易，約了在翌日早上看一看德國背包客的車子，離開背包客棧前隨口問問老闆修車廠的聯繫地址。

　　我把德國背包客的車駕到廠裡檢查，賣家欲干涉車廠的檢車程式。車廠員工頻頻向我打眼色，我會意而決定不買車子，德國人悻悻然地走了。眼看天漸漸暗了下來。我撥電給一個英國人，他賣的是貨車。其實貨車並不在我考慮的範圍內，因為都是2.0cc以上的大油桶和價錢昂貴，這輛貨車挺特別的，1.8cc的油桶，又賣得便宜，而且已經改裝成休旅車。賣家誠實地告訴我車子那些微不足道的小問題，我不習慣駕駛貨車，還得勞煩賣家好好地教導我一番。不到一小時，我就答應買車，連賣家也感到詫異，送回車廠檢查一切無誤，便到郵局辦手續了。

　　就這樣，兜兜轉轉，我買下了這輛車子。我知道故事正要開始，背包客獨身環島旅行的故事。

1　車後就是一張床，我就睡在車裡長達六個月，車下一盒盒的烹飪廚具。

2　藍色的冰箱，掛上窗簾睡覺時不被警察打擾。

10 二十一小時半做不停

人生一天只有二十四個小時，如果不好好珍惜，它就悄悄溜走了。

你有沒有一天二十四小時，工作時間是二十一小時半，僅有兩個小時半在洗澡、睡覺、吃飯中度過的經驗？我有，事後回想起，我覺得自己應該是過於瘋狂地愛錢如命而出賣睡眠、靈魂和自尊。

買下車子過後，我用一秒鐘的時間決定旅途的去向，北上？南下？終於，我選擇北上，德布基，我第一份工作的所在。4月，秋風正吹起，我又回到這裡。

吸引我來到這裡是什麼？是滿地黃金。聽說有人在這裡偷偷做兩班的工作，早晚班，在不同的奇異果包裝廠。

「只要瞞著老闆，為什麼不行？」我在路上遇見的一位馬來西亞人如斯說的。車子駛進德布基，已經是傍晚，我憑著地址，沿著一條主路岔道，向特里維廉（Trevelyan）奇異果包裝廠駛去。抵達特里維廉，已經有一排排的人開始等候了，他們正在廠外苦苦哀求工作，而我，理所當然地加入他們的行列。

工廠夜班開工十五分鐘後，黑面婦女，高傲走出來，咕咕噥噥地嚷道：「沒工沒工，你們請回。」無奈，一班人意興闌珊地準備回家去，剛認識的傑找到塞卡‧塔斯巴（Seeka Transpack）奇異果包裝廠晚班的工作，遊說我明天一早出席塞卡‧塔斯巴的講解會，也許會有工作機會。

一夜無話。

　　一早，當然又是一場空，我被塞卡‧塔斯巴廠長攆了出來的半途中，正好遇見傑，順道讓他搭一趟便車。

　　「快快！」登上我的車子，他止不住雀躍地狂叫。「去哪？」我連連發問。「塞卡‧偶賽（Seek Oakside）奇異果包裝廠有工作，走走走。」路上又順道接載了傑的三個好友──倩、琳和雯，一行五人浩浩蕩蕩地出發了。

　　填寫表格後，我們默默對天祈禱，還好老天聽見我們的呼喚。

　　「夜班，一晚十四紐幣，做不做？」

　　「做，當然做。」我們一行人點頭如搗蒜，卻見身旁一群人噗哧一聲笑了出來，細問有什麼有趣的事，原來他們在特里維廉做了早班，晚上就來這裡，賺個缽盈盆滿。

　　說起來，我還真幸運，從內皮爾辭職，到奧克蘭買車，再到德布基找到這份工，只須短短五天的光景。這份工晚上8點開始上班，至次日早晨7點結束，你算算可以賺多少？

　　當晚，我們就開工了。其實，做夜班挺累了。幾天後的一個下午，我忽發奇想，駕著車到東方（EastPack）奇異果包裝廠去找機會，我只是碰碰運氣，沒想到機會給我碰到了。

　　一如往常，我填寫了表格，人力資源部的員工一副冷若冰霜的表情叫我回家等消息，忽然她像發現新大陸一樣，表情瞬間轉變，聲音顫抖地說：「你曾在奇異果園工作？」

　　「是的。」

　　「有沒有興趣做挑果員（Grader）。」

　　「好呀！」

　　就這樣，當天接受培訓，隔天上班。從上午8點工作到晚上6點半。換句話說，我從上午8點工作到下午6點30分，就得匆匆洗澡和吃晚餐，然後駕著車，到塞卡‧偶賽8點準時開工，工作到早上7點，又匆匆地猛吞早餐，如此迅捷循環，永不停歇。

　　時日漸久，耳際迴盪著永遠是機器轟隆隆的聲音，混雜著電臺千篇一律的歌曲。但是，我還是看見金光閃閃的紐幣在漆黑的夜裡盈盈發光發熱。

　　這段辛苦工作的日子，我是住在哪？還不是在車上，最麻煩的是我無法洗澡。東方包裝工廠設有洗澡間，我常常必須放工後，在黑暗的車裡摸索著衣物，拎著水桶到到廁所去，裝滿了熱水，當水淋在身上的那一刻，有一種方才甦醒的爽朗。

　　洗澡的日子，從每天一次，到兩天一次，到一星期一次，因為時間都很緊迫，所以後來索性不洗了。德布基市區有一家度假營地（Holiday Park）。有一天，我覺得全身發癢，好像有很多小蟲在我髒兮兮的毛髮上覓食，就盤算要「借」用度假營地的洗澡間。我躡著腳，走了進去，久久不肯出來，因為花灑的水花沁入皮膚的感覺是多麼的美妙，像一層層的死皮被狠狠剝了下來的快感。一天，在城裡一間商品店，我邂逅的一位奇女子，女子貌似仙女，衣袂飄揚。她有一雙秀逸的眉毛，挺直的鼻子，巧韻的豐唇，說起話來有一種飄逸柔美的語氣。說她是天使，一點也不為過，女子見我一雙乾涸的巨靈之掌，就遞了膏藥給我，女子聽說我沒有洗澡，就決定帶我回家去洗澡，女子的家應該是天堂吧，我想。女孩果然是天使，才一轉回頭，就不見了；三天後，在麥當勞見到仙女，同她回到天堂去了。

1 東方包裝廠,我在這裡
做早班,太陽剛升起,
我卻累得四肢無力。
2 夜班出來,發現晨曦把
天空染成一片,真不捨
得趕到下一班開工去。

11 很可惜這不是夢

當我們遭遇傷痛後，會慶幸原來活著是一種幸福。

　　我懷疑這一切都是夢。或許我希望這是一場夢，那麼，夢醒之後一切都恢復正常。可惜，我扭一扭臉頰，感到無比疼痛，所以我知道這一切不是夢，這是真的。

　　秋風蕭瑟，我在溫暖舒適的暖鋪中甦醒過來，在慵懶的午後。經過長達一個月風塵僕僕住在車上的日子，我終於可以住在家裡。這是一間小房舍，房後有院落，栽了幾株桃樹，印象中桃樹好像只有仙境才有，我就在仙境中，不是應該開心嗎？昏暗委靡的空間，讓我有一剎那忘了我在何處。走出房門，我沿著長廊，踱步到餐室去，肚子咕咕作響的我必須解決飢餓才行。主人家毛絨絨的白貓挨這我赤著的足踝廝磨，彷彿向我這可憐的傢伙乞憐，還是他在揶揄我，嘲笑我這個無家可歸的孩子。

　　「你還好嗎？今晚，你要去上班嗎？」女主人從廠裡撥了一通電話給我。

　　「不要。」我黯然收了線。我是應該感到開心的，最起碼，我現在有棉襖可以穿，有水可以洗澡，肚子餓了，我還可以吃東西。想著想著，我的眼淚卻還是不爭氣地滾了下來，語氣哽咽。

　　到底發生了什麼事？昨晚，一切還好好的，現在一切都變成空了。昨晚，我因為連續趕了三班的工而幾乎累垮了，還挨了領班的謾罵。當放工時間到了，我努力撐起昏昏欲睡的眼袋，走到停車場固定的停車位置，我看見的是空蕩蕩的，什麼也沒有。怎麼會什麼也沒有？我雖然很累，但是我還記得車子停在這裡。約莫兩秒鐘的時間，我終於知道怎麼一回事，我的車被偷了！

　　這怎麼可能？我在馬來西亞，安安全全過了二十九年，車子都沒出事，怎麼可能來紐西蘭短短四個月就出事。你也許會覺得大驚小怪，紐西蘭車子便宜，丟了就丟了。重點是，我買的是休旅車，我就住在車上，我所有的東西都放在車上，這包括手提電腦、護照、手提電話、相機、錄影機、硬碟、名貴睡袋、背包、食物、衣物、冰桶、烹飪用的鍋瓢碗勺等。此刻，我全身上下的衣物、工用手套、水瓶，就是我在紐西蘭僅剩的身家了。我的手發抖，摸一摸口袋，我慶幸自己的身分證和錢包都在口袋裡。那一刻，我清楚地知道我必須冷靜。我開始向我的工友呼救求助，毛利工友領我去見當晚的保安人員，保安人員忙推卸責任，接著我要求看閉路電視，卻被告知案發現場未安裝閉路電視。我幾乎快氣餒之際，保安部把我推向人事部。人事部的大姐幫我撥了電話給警局，我深切地感覺到惶恐和不安。警方在電話裡錄口供的時候，向我盤問車牌和車子的特徵，我剛買下車子，完全忘了車子的號碼，車子的證件通通都在車裡。我的手機在車上，意味著我將孤身一人，無法和任何人取得聯繫，而且因為我以車為家，這意味我將無家可歸。

　　當時，不知是上天眷顧，靈光一閃，我倏然想起了車子的特徵和車牌。警方在半小時就到了案發現場塞卡‧偶賽的停車場親自安撫我。在我累得連傷心都來不及的情況下，我倒頭就睡在廠裡的食堂，等待人事部的大姐幫我撥電到大馬大使館，解決護照的問題。當天，當我朦朦朧朧地被喚醒時。見到一位身子高瘦的大姐凱蒂（Cathrie），笑盈盈地帶我回家去了，原來是好心的早班工人自告奮勇地接我回家。聽到這裡，我的眼淚感動地流了下來。

　　警方在當天晚上，就尋獲了我的護照、膏藥等日常用品，省去了重辦護照的麻煩。兩天後，尋獲了我的貨車，它正安靜地躺在深陷的沼澤地裡。除了一些廉價的衣物，所有貴重的財物都不翼而飛。現場一片狼藉，慘澹得不忍卒睹。停放在警局任由警方勘查指紋數天後，我去領我的車回家。車窗被敲破了，車子的插鎖匙處，被敲成血肉模糊。

　　盯著我血肉模糊的車子，我不可以倒下。兩天前，當我貨車被偷的那天，我曾灰心地打了越洋電話回家，哭著說我就要回家了。當時，腦海裡各種念頭閃過，我不甘心，還沒看見南島旖旎風光，我怎能善罷干休呢？兩天後的今天，我從警局駕著破車，前往吊車中心付費（連從沼澤吊起車子的費用，都是我在付），然後修車窗，重新添購電腦，錄影機，相機等等，前前後後需要一個月的時間。這長長的一個月，工友念在我的可憐遭遇，紛紛伸出援手，捐贈我的鍋盤器皿、暖衣棉被，令我備感溫馨。

　　而最令我感謝的是凱蒂一家人，他們在我跌倒的那一刻，扶了我一把。我記得住在他們家裡的日子，即使我委言婉拒。每天晚上，必定會有香噴噴的晚餐招待，到最後即使是離開了以後，仍免不了窩心的棉被相送。

　　古人有曰：「四海皆兄弟，誰為行路人。」我很珍惜陌生人的善意和付出，因為他們的付出令我的旅途更為完整。如果陌生人，能在危難中慷慨解囊，世界豈不美麗？

1　凱蒂一家人，讓我覺得很窩心溫暖，小男孩才上初中。常常，我用半鹹不淡的英語和他交談，他總是搖頭晃腦，不知我在說什麼。

2　凱蒂家裡的廚房，永遠幸福美好的氣味，彌漫在空氣裡，有時是烤羊、烤火腿、魚和薯條。

12 旅病

　　　　　　　　我最害怕的是生病，更可怕的是在旅行時生病。
　　　　小時候，一場大病而瘦了一圈，長大以後，就好少生病了。
　　生病就是上天賜給我們休息的好時光，唯有生病，才能好好地休息。

　　我這一回病得有些突然，完全沒有徵兆和預警可言。入冬前的一場大病，喉頭像是藏了一條抽乾水氣的小蟲子——乾澀枯燥。喝的水再多，也防不了它的油膩膩的抽水功能。它咕嚕嚕地喝了水，反吐出了濃痰。在瘦長的氣孔裡，架起了攔路閘，阻止氧氣進入。我在猜想那蟲子什麼時候開始進駐在我的喉嚨，以這長隧道為家。應當不是近期，寒流來襲前，而是一個月前吧。對，一個月前陶波（Taupo）的白日，我在梧桐樹下散步，和它打了一個照面，就噴嚏打個不停。從那時起，它就將我攻陷，在我鼻頭住了一會兒，不適，又往裡搬。它們頗有耐性，潛伏在我身上達一個月之久，稍無聲息。興許是安靜吸收我體內精血修煉成精，時機成熟後才將功效發揮得淋漓盡致。不似它那老友按捺不了探世界的好奇心，早早發作，還沒來得及看世界，就被幾顆，不多不少，三顆粉紅色的藥丸給治服。

　　誰叫它沒耐性！那也是在陶波，我心血來潮，去釣蝦子。人工飼養的蝦子，總是彎著腰，外殼透明，一眼可看穿。我想，當我把它釣起的那一刻，它就累集怨懟，知道要成了盤中物，餵飽我發酵酸汁的胃囊，而心存委屈無奈怨恨，以至於化為厲鬼，也暴戾誓要血債血償。那兩隻無辜的小蝦，含恨九泉地擺在我面前。它紅通通的屈身被蒸熟，挑起我極度貪吃的味蕾。我心無半分憐憫之心，一口把它的肉身撕扯至爛。它在我口中被咀嚼成死無全屍，養分被吸納，殘骸則裹了我腹腔，給我一頓溫飽。可它

不是高級智慧生物，不懂弱肉強食，生生不息的科學生存法則。死後陰魂不散地隨身在側，宛如我貼身小吊飾般形影不離。

　　那天，我駕著車離開釣蝦場不到一炷香光景。那病就發作，那病來的有點理直氣壯，大有因果業報那種處之泰然。你瞧，這就是報應吧！任憑我如何絞盡腦汁，也不解我一介草民，純粹吃葷食，為何也要落到如此悲戚無人憐憫的下場。正如我夾起蝦子往嘴一送，那樣心無罪惡，如此坦然一樣，也不會有人賦於同情之眼。紅通通的斑點遍布身體就和蝦子被蒸出來的樣子如此雷同。我大概瞭解它那種瀕臨死亡邊緣的掙扎。也許它的死比我想像更悲慘，廚子沒有一刀奪走它的命，就活生生地把它擺在蒸籠裡，像安撫小孩子熟睡的儈子手，哄它熟睡。它可不是高等智慧生物，不懂人心奸滑狡燴。等到慢熱的煴火漸漸燃燒了它的血肉之軀，百般折騰，它才曉得落入的廚子的圈套而為時太晚，所以報復之心油然而生。奈何不了廚子，只好牽怒於食客老饕。它這層邏輯其實有跡可循，若不是我有個美好的假日，不乖乖窩在冷氣房埋首，而千里迢迢來到南部島國來；若不是我不安分地只是參觀釣蝦場，卻嘟嚷想親手釣起自己的蝦子，而和蝦場主人借了竹子釣杆；若我不是釣了兩隻蝦子而心存宅厚仁慈，把它們放生回池子去。它們也不會落到魂身異處的下場，所以它們絕不放過我這假借吃葷之名，卻縱容廚子為非作歹的儈子手有半點好過。

　　紅斑襲來的傍晚午後先是從我的足踝燃起。恍如烈火，啪嚓啪嚓的火花想上蔓延，接著膝蓋、臀部、腰際、腹部、胸腔、脖子遭殃了。它把我的骨肉身軀當成了肥沃的土地，播下種籽，這病果長得倒快，一棵接一棵發芽，好在初時它並不痛癢，連蚊蚋叮咬都比它疼痛三分。我以為蝦魂手下留情，所以火燒的時候。我兀自駕著的我的休旅車跑呀跑的，渾然不覺蹊蹺異狀，待往後照鏡一瞧，不看還好，一盯著鏡中的自己，我幾乎認不出自個兒來了。要知這鏡可不是魔鏡，它不懂阿諛逢迎的官場把戲，它的誠實和坦蕩蕩令我咋舌。那個火紅熱辣的病果已大刺刺的盤踞在我臉上一隅，儼然鍾無艷。道高一尺，魔高一丈，這回蝦魂在我耳垂邊緣絮叨：

「你以為只有你會行使騙術，訛我為你成了胃中物，這下可好了，看你如何收拾殘局。」語畢，只聽見它哈哈大笑，笑我小人愚昧，被它將了一軍。痛癢開始蹂躪侵蝕，病態變大。

　　找大夫？這念頭在我心理反反覆覆，如潮汐潮落的海浪。我不是不曾找大夫，在這片美麗的島國，找醫生幾乎是奢侈開銷龐大的消費。事情要回溯到兩個月前的一場病。那個昏天地暗的工作天，季節介於夏末秋初之間，我身子過於孱弱，不曉得從什麼時候開始，手就像作了過多的工作而長了繭。「那不是繭。」我心裡暗自囁嚅，那是偽裝成繭的傷口，它以為逃得過我的法眼，孰不知我已經從赤道來的前輩討教過，那是冷熱不調，皮膚發起脾氣的效果。纖纖長指，耐不了日夜趕工季節嬗變的煎熬，加上奇異果的空盒蓋尖銳，火上加油，偶爾意氣風發狠狠地在我手上搞一場世紀末的雕塑禮，扭擠之間，血水迸發出來，潸然落下。每到這一回，身子黝黑古銅色的老上司，面上就鋪天蓋地地蒙上了一陣慘簪，他正懊惱哪來了小夥子總是流了一手鮮血把果子染上斑斕的血紅。紅色的奇異果是漂亮的，可果子不是藝術品。它就是要最自然最原始的顏色才會討喜，幾次上司的嚴詞苛責都起不了作用，那病就是不聽人話，所以我工作時總打起十二分精神，特別留心叛逆的皮膚敏感有什麼風吹草動，一旦它又見紅，就加快腳步跟蹌地跑到醫療室索取膠片棉花，這樣一來，倒也相安無事了幾天，只是包裝廠生產線的人行道上，不時會耳聞叭嗒叭嗒紅色球鞋的聲響，尾隨這一個亞籍高個子瘦長單薄的身影，在偌大的包裝廠空間迴盪著。那形像凝固在陰霾渾濁的秋夜，顯得突兀極了。需索無度的病，開始變本加厲起來。彼時，我正在早班的生產線裝奇異果的箱子，我那乾癟的巨靈之掌上，一個小缺口好比沾滿邪氣的小妖精，逐步漲大，我忙得暈頭轉向而無法招呼它，它就劍拔弩張，越漲越大。我急了，趕快喚我上司。印籍的上司，雙眼如銅鈴般大，口張大得幾乎下頜脫臼。他也奈何不了小妖精。看來，我得去掛號門診了。

　　小妖精最後被大夫訓服了。包裝廠的人事部經理，用眼角餘光瞥了我一眼，語氣冰冷，暗示我的傷病咎由自取，怨不得旁人，甚至嫌棄我污穢的大手玷污了奇異果的聖潔，他只遞了一張診療所的名片，下起逐客令，我充耳不聞。還好，大夫的慷慨解囊令我感激涕零。只是一支細長的瘦針，就令小妖委頓於地。傷口結痂過後，橢圓的皺皮膚好比蛇皮一般，留下深深淺淺的傷疤。那一次門診，我沒有花了長久累積的積蓄，所幸好心的醫師豁免了我的門診費。

　　此刻，我會再次遇見好醫生嗎？我不敢再想，我無從瞭解這身紅斑會否自然消弭於無形？我背包裡的膏藥應當是不管用，我受這樣的皮肉之苦，我本身可委屈哪！除素食者外，人類天性就得吃大魚大肉。我為了兩隻蝦子，而身受蝕骨奇癢，這到底說不過去，況且把蝦子交給廚子的時候，我心裡默默為它多念了幾句往生咒呀。後來，我買了三顆神奇粉紅色小丸子，在弄裡一家卡其色招牌的西藥房。我循著眼前頭髮花甲的老人手指所指，街尾的騎樓下，向右一拐的一個老巷弄裡。當粉紅色的靈丹隨著礦泉水汩汩循著我深喉嚨流進體內，蝦魔為它策劃已久的陰謀剎那間潰不成軍而感到煞是扼腕，彷彿聚集在紅毛丹樹下搬運葉片的成群螞蟻，被頑皮的小孩一扔石子就四下逃竄不堪一擊。蝦魂，願你安息。

| 死不瞑目的蝦子。

| 死前一個小時。

1 比新加坡還大的陶坡湖。

2 陶坡的L'A rte咖啡廳藝廊花園的藝術。

3 陶坡水勢湍急的胡卡瀑布（Huka Falls），瞬間沖進谷底。

13 兩種彷徨

我帶著一股彷徨的氣勢，步入劇院，
這才發現原來每個人在車水馬龍的世界裡都有彷惶的時刻。
彷徨令我低落，也令我成長。

　　初冬的夜晚，用過晚膳以後，我路過一家小小的劇院。劇院在一條熱鬧大街的岔口，在威靈頓（Wellington）。紅通通的玻璃門棚，入口處掛上精美海報，每一天，每一個星期，每一個月的重頭劇，一覽皆知。輕輕地推開門，裡屋人頭濟濟，是一間小咖啡廳。威靈頓人的生活，一天都離不開咖啡，有濃縮咖啡、瑪琪朵咖啡、維也納咖啡、白咖啡、愛爾蘭咖啡、黑糖瑪奇朵、康巴納等販賣。沒開場，大多的人在喝咖啡看雜誌，或放底聲量交談。

　　再往前走，又是另一個咖啡座。被紅漆板牆隔出了小小空間。我靈機一動，不如今晚看場戲。左首的櫃檯立了一位穿著奇裝異服的男人，臉戴上了《歌劇魅影》（The Phantom of the Opera）男主角才有的面具，頭髮盤成高高翹起，像極了公雞尾巴。我不覺噗哧笑了出來，買了票，是兩部短劇。一看腕表，時間還早，適才的位子還空著，便吩咐侍者送單子過來，咖啡送上以後，移杯近鼻，一陣濃郁的味道撲鼻而至。

　　說真的，劇院有些老舊。天花板上的電風扇咯吱咯吱高度旋轉，微弱的吊飾燈光下，我細細讀著手中的兩部劇情介紹《失業和戒菸》。想在西方國度看劇的懸念藏在心裡好久。今天我來索解懸念。十五分種後戲門開場，觀眾魚貫入內，我揀了中間的位置，把單衣脫下，披掛在椅上坐下。全體觀眾坐定以後，燈光暗了下來，約略兩秒種，從後臺生出一道圓圓的亮光，照亮了前劇台，變魔法一樣，一個婀娜娉婷的女人就坐在沙發

上。正當我們全身貫注地凝視著女演員時，女人霍然走上台前，表情誇張，眼神突出，一會兒用高分貝的聲音唱起歌來，一會兒用流利的英語娓娓念出臺詞。偶而和觀眾嘀咕兩句，更添戲劇的高潮。

《失業》這部短劇結合了歌曲演唱和舞蹈元素，探索人們在失業和頻頻求職不遂的情況下，心理和生理的變化。女主人公是都市中的職業女性，工作數年有餘，面臨金融風暴裁員潮而失業，在屢次覓職不果狀態中逐漸產生心裡不平衡。當中幾個段落取材於生活點滴如焦慮、燥鬱、失眠、月經失調、性冷感、自我價值的肯定、家人和伴侶的祝福。這些林林種種的情緒表情，因以我們普通上班的白領生活息息相關，恰恰和觀眾產生了共鳴。

中場女演員換了一襲紅色吊帶長群，穿上了工人褲，步履矯健地從後臺走了出來。場面在她拉開嗓子唱出了高音而熱烈起來。令人發噱的是，女演員的鼻翼套上了紅彤彤的小丑鼻，在加上紅撲撲的臉蛋。這回女演員一改風格，呈現出詼諧風趣的演技，和坐在前排的少女觀眾的互動，表現得絲絲入扣。有趣的是，那少女觀眾的演技竟和女演員有些不相伯仲，有股清新脫俗之氣，平凡之中不落於俗套。我一度以為她是演員，冒充觀眾，一唱一回之間，默契十足。想來她是這裡的常客，浸淫多時，不免沾染了某些演技，在加上天分使然。女演員跳起舞來，也頗有風味，看得出來有芭蕾舞的底子。

下半場的戲，名為《戒菸》，表演者是一名年輕男人，他穿著一件綠色汗衫，紅藍色布料補貼的牛仔褲。帷幔一打開，男人被埋在一片煙霧之中，原來菸癮發作的他，在牆角吞雲吐霧。爾後，男人的眼神透出一片光茫。男人是瞭解的，這菸有毒，這菸危害健康。男人發下毒誓下定決心要戒菸，然而現實並不怎麼容易呀！表演者的演譯手法有點像憨豆先生（Mr. Bean），誇張幽默，用自我調侃的方式深得人心，所以引來如雷的觀眾掌聲。男演員的表情有點故做生硬般的從容，很多時候，他就像一把陶土，觀眾就好比是陶匠，扭捏挪按，都任你。他面上具經典的查理·卓

別林（Sir Charles Spencer Chaplin）的象徵，卻自成一家，沿襲了前輩，卻也推陳出新，是後者所不能企止。他用他的身體去記憶主人翁的表情和細微的心理變化，和角色融為一體，好像他就是角色，角色就是他，好像他就是戒菸者本人。劇場的收尾，男人戒菸失敗，所有的事情都沒有改變。

　　兩個故事充滿了諷刺意味，批判資本主義的嚴重弊端，惹人非議。這是否意味社會越進步，人們越感到壓力，無奈和彷徨呢？兩部短劇並未提出解決的方案，由智者如你我自我深思。離開劇院時，發生了小插曲，令我虛驚一場，原來在回露營車的半途之中，赫然發現護照不見了，驚恐萬分，猜想是滯留在劇院的賣票處，匆匆趕回劇院，還好面具男笑容可掬地把護照平平安安地交給我。

　　和失業與戒菸一樣，這也是一種彷徨。

▎女演員令人驚湛的演出，令人拍案叫絕。

| 1 | 1 我喜歡威靈頓帕利瑟角（Cape Palliser）海岸上奇形怪狀的礁石。 |
| 2 | 2 德帕帕（Te Papa）是全紐最大的博物館。 |

Chapter 2

自在的蒼涼飄蕩

南島的荒涼，即便再怎麼樂觀開朗，都難掩它的寂寥，
唯有自在地遊走，才是最好的歸宿。

14 藝術和尼爾遜（Nelson）

「叮鈴鈴，叮鈴鈴！」耳畔迴盪著悅耳的風鈴聲響，
那是在剛步入尼爾遜的一家小店前，頓時，我領悟我就在藝術之都。
我的藝術細胞就活了過來，當下所有的事物都變得美麗的。

透過車窗玻璃，冷風颼颼地在我臉上呼嘯而過。伴隨著車中收音機千遍一律的西班牙歌曲貫穿耳膜，我朝著今天的目的地駛去——尼爾遜——紐西蘭南島經濟文化藝術中心。

尼爾遜果然不負眾望，以特拉法加街（Trafalgar Street）為主軸的北尼爾遜一目望穿。路的兩旁，盡是綿延整齊的小店，精巧卻極具歷史價值，據說從英國殖民沿用至今長達三個世紀之久。路上車輛寥落，人行道人影稀疏，沒有人急著上班或上課，好像人人都是藝術家，生活中懶洋洋地如同時間凝固在歷史的節骨眼上。

相對於北尼爾遜的軒昂悠雅，南尼爾遜就顯得閒散異常。這裡多為尋常宅第。老人慢條斯禮踩著細腳步溜狗，偶而穿過屋後幽深的小巷，在陽光舞動光影下，瞥見一處無人水果攤和誠實箱，赫然發現歲月就定格在這處很有人情味的地方。我情緒剎那間如水龍頭開關般洶湧狂亂，靈感如豐沛的情感茁壯長成。難怪這裡是藝術家匯聚之地，如畫家貝蒂‧索爾特（Betty Salter），雕塑家蜜雪兒‧絞爾庫夫（Michele Surcouf），陶藝和陶瓷藝術家保羅‧賴爾德（Paul Laird），約翰‧溝（John Gully）等。哪怕是花草樹木、亭臺樓閣、小橋流水、教堂鐘樓，都可以是靈感的泉源，滋養一代又一代的藝術家在這塊土地上繁衍。

　　南北尼爾遜，給我的感覺，就宛如時鐘的劇場。不同的時間上演迴異的人生故事。天剛破曉，人們為柴米油鹽而奔向北尼爾遜忙碌著。既使再怎麼忙碌，我老會在人們平凡生活的空隙，瞧見驚喜和奇蹟。例如，放學後的小孩，在長長的大街道上跳起了蘇格蘭舞。在一年一度的穿著藝術節，人們穿著前衛的衣裳在大街上遊行。這就是生活的味道，有格調，有品味，優雅卻不矯情。如此真實卻看似鏡花水月。我不竟悵然我來自的那個國度，人們總是行色匆匆。

　　待到夕陽西下，北尼爾遜啪嚓一聲，煙消雲滅，留下一市的寂廖。南尼爾遜華燈初上，正是掀開帷幔的時候了。燈開燈落，只是一瞬間，喧嘩聲就從北往南。這是放工過後和家人享受天倫之樂的時候。大夥兒烤雞煮麵，閒話家常。如此一來一往，同樣的情節明日再續，就像是百看不厭的劇場。

　　如此一個藝術之都，事出必有因。尼爾遜遠離鐵路網，自有些孤高倨傲，這營造了隱世獨居的條件，有助於創意和想像力。此外，傳教士安德魯‧蘇特（Andrew Suter）於1867年到1891年在這裡傳教。他生性熱愛水彩畫，藏有多部十九世紀風景畫家約翰‧溝（John Gully）風景畫的他。去世後，其遺孀將藏畫捐贈於畫廊，並花費畢生心血完成丈夫遺志──成立美術館。今天，美術館宏偉壯觀，長長的拱廊，懸掛著現代藝術主義畫家芒福德‧土斯圍‧舞蘭頓（Mountford Tosswill Woollaston），威廉‧齊爾（William Gear），和布賴恩‧溫特（Bryan Wynter）的大作。

　　尼爾遜除了藝術細胞濃郁，歷史根源也源遠流長。南方大街的老屋老店，坐擁十九世紀英國殖民時代的風情。而在尼爾遜北部的創始人遺址公園（Founders Heritage Park）和官津花園（Miyazu Garden），那麼細緻和典雅，東西合璧，讓遊人可以從中探知尼爾遜過去如何輝煌耀眼。仿十九世紀淘金鎮鑄建而成的創始人遺址公園，古意盎然。冬天杳無人煙的街道，楓葉凋零，入口的仿古風車，斑駁脫舊，真而古樸，企圖醞釀一種回到過去的節奏。我穿梭在濃濃古意的小鎮，流連在舊醫院、酒吧、古銀

行、馬廄、烘焙屋、雜貨店、裁縫店、當鋪、教堂、電話亭、民宅、律師樓、電報局、郵政局和老肉店之間。時光如沙漏般回到舊時光，緩緩和遙不可及。十九世紀的太平盛世就像是佈景般呈現在眼前。

　　緊鄰在側的是官津花園，以日本迴游式設計為主幹，是為了慶祝尼爾遜與日本官津結拜為姐妹城而建立的。園內亭臺樓閣，小樓水榭，奇花異卉，小橋流水牢牢地勾住了旅人的腳步，令人魂魄皆醉。一踏入舊木門，街上的噪音好比風中篩過的米，只有鳥清脆啁唽聲，蟬鳴蛙叫得以穿越。迎接你的是綠水小池子，你大可不必驚訝那小池有多麼平靜，它像沒有生命一樣，養了好多小金魚，然後你看到了盆景，你看到竹林，你聽見了風在和它說悄悄話，你只能聽見個矇矓，卻聽不真切，但你就是不在意呀。誰會在意呀！這就是自由。自由是所有身周的色彩、人流、光線通通與你無關，你最好的壯態就是只有你自己。

　　尼爾遜南部的WOW博物館是朋友大力推薦不容錯過的遊點。「沒到過WOW博物館，就不算到過尼爾遜。」朋友言之鑿鑿，彷彿入寶山而空手回是一件遺憾的事。WOW，全名為World of Wearable Art，中文譯為穿著藝術節。每年9月，世界各地的設計師，別出心裁，以各種誇張怪誕、荒繆卻不失時尚的服裝角逐比賽。作為紐西蘭穿著藝術節的鼻祖，尼爾遜無可厚非地成為博物館的所在地。我懷抱著探密的心情，付費入內，無非是對服飾的突破缺乏信心。我無從想像人身區區肉體如何支撐一件張揚浮誇的服飾。我更無法想像普天之下，可有瘋狂天才藝術家，設計出超出世人可以想像的怪衣。為此，當我步入博物館時，你可以惴度我是如何詫異地幾乎下顎脫臼。光怪陸離、顛覆現實、離經叛道、孤芳自賞、憤世嫉俗絕對是形容這批藝術家的最佳形容詞。和我身著的大衣比起來，一件件在展場上的大衣，都太富有想像力和創意了。將鐵籠子置於裙底下，玫瑰、牲畜之首充當胸罩，女人盔甲、火炎型日式和服。這些那些各式各樣的奇裝異服，公然挑戰煩膩的世俗價值和普通人家的傳統視野，有些衣不蔽體更是對東方保守道德文化的挑釁。無怪乎這些衣物像是粘滿蟎塵細菌，無

創始人遺址公園裡的仿古風車。

法赤裸裸爆露在大太陽底下，就連展場也是一片陰沉黑暗，彷彿偷偷摸摸為世人所不容；然而畢竟尼爾遜是寬宏大量的，對這樣的前衛給予支持和豁達。不知為何，我驟然想起了巴塞羅納的高迪和女神卡卡，一古一今，瘋狂的代表。

　　在尼爾遜的這幾天，我重遇了許多在德布基的好朋友。在基督聖公會教堂，巧遇了三個馬來西亞人，如果不是我先打開話匣子，或許就這樣擦肩而過。她們對於我這個孤身上路並駕著休旅車到處亂走的傢伙有些好奇。我們四人在天寒地凍的教堂前深談，分享紐西蘭的人生故事。是的，我相信每一個人都有自己的故事，在往後漫長的歲月裡，這故事是如此地深刻動人。

1	2
3	

1　蘇特美術館可悠晃了一個下午。

2　前衛大膽的奇裝異服在WOW博物館。

3　塔斯曼海岸（Tasman Sea）美景，遠看近看都是一幅畫，沒有特效相機也無所謂。

1 普納凱基煎餅石（Punakaiki Pancake Rocks），海水從岩洞噴出來，彩虹霍然出現。

2 難得一見的日本風格——官津花園。

15 在尼爾遜湖國家公園
（Nelson Lakes National Park）遇鬼

> 我對著那來自靈界的狹長軀體一陣默然，盯睛一看，
> 那是以前的我，身型瘦削頎長，
> 以前的我已經死去，今天的我宛如重生。

　　「好喘！」我下意識吁了一口長氣。要不是和兩個身強力壯的德籍留學女生在步道的入口處不期而遇，相約一塊上山，我也不會亦步亦趨地緊隨在她們背後。兩個德籍留學生，一位理了個平頭，一副男子氣的樣子，身著黃色鵝絨毛的禦寒大衣。雖是中性打扮，但皮膚白裡透紅，一眼就看穿女孩喬裝改扮的把戲，女孩的高分貝更是再一次戳破她的易容。

　　「你一個人嗎？一個人挺危險的，不如同我們走吧，好歹有個照應，咦，你要不要調一下你的背包。」女孩蹙了蹙眉心，這倒令我不好意思，好像我這位背包客新手，堂堂男子漢反而需要纖纖女子照顧。另一個美女則蓄著烏黑直髮，黑亮的眸子深砌在白瓜子臉上，美女後腦勺綁著馬尾，俐落地垂落脖子上，走起路來左右搖擺，煞是好看。

　　原以為兩個女孩應該身體孱弱，不料，兩人走起路來，竟是健步如飛。我得費勁緊緊跟隨，才不至於落單。7月的尼爾遜湖國家公園是嚴寒得令人臉色發紫，是天氣過冷的心浮氣躁。大白天，我的口中不斷吐出白霧，分不清是呼吸，還是氣喘聲。

　　「天黑之前，我們可以到湖頭小屋（Lakehead Hut）嗎？」女孩充耳不聞，好像我問了一個無厘頭的問題。女孩來自德國，嚴格上說不算留

學生，是北島梅西大學（Massey University）的交換生，修讀生物科學。兩人趁著學校假期和簽證到期之前出來健行，須知冬天許多著名的步道因為天氣惡劣而關閉。好不容易在森林局處打聽塔維-沙白（Travers-Sabine Circuit）部分步道在冬天可行，她倆就馬不停蹄一路南下，她們只有短短兩個星期的時間遊島，所以走起路來倒是快捷，卻忽略了沿途的美景。

我們三人在森林局登記後就出發，其實我們的目的地不同，我心裡盤算在湖頭小屋小居後，就繞著羅托伊蒂湖（Lake Rotoiti）回到鎮上。而她倆卻打算繼續向山頂前進，我為兩位的勇氣，倒抽了一口長氣。

「和我們一同走吧！山上很美，我們想看雪，你不想看嗎？」女孩聲聲慫恿，我拿不定主意地傻笑，在看美麗山裡的雪景和人身安全，我選擇了後者。上山的路在冬天裡充滿危機，説不定冰雪崩落，就身魂異處。

我們踩著輕快的步伐，青山綠水一一在我身旁往後飄過。裹著長褲和厚棉襖的身子，汗水散發不出去。儘管陽光微弱，長期肌肉筋骨運動，加上汗腺發達，我還是有種汗水被抗拒阻擋，蒸發不出的黏膩感。「我們在這裡喝杯水吧！」還來不及呼喚出聲，馬尾美女已經忍不了呼叫出聲，保住我的男性尊嚴。我們在湖邊的小木棚席地就坐，晃蕩著小腿，驚歎於湖邊的雪花皚皚的綿延疊嶂。山拔地而起，在黃昏的夕陽下，映在湖中心。湖就像山的兄弟，相依相偎，相互交融。

歇息一會兒，我們又繼續上山。太陽已偏西，我們不再磨磨蹭蹭，得趕在天黑前抵達湖頭小屋。接下來的路，咱們都不説話。整趟路途乾澀單調，除了喉頭因為寒冷而深鎖，大概沒有任何感情的抒發。我們在幾處小路看不見深橘色的指引，平頭大姐自告奮勇去探路，都是些小兒科般的小迷路，不足掛齒；然後，我們到了湖頭小屋。小小的空間，擠了七個人。兩個過寒假的德國學生、兩個帶著孩子的單身紐籍爸爸，還有一個東方臉孔，那就是我。卸下爬山鞋，也意味卸下心防。進屋前我們還在愁，冬天的山裡寒冷，而沒人生火。所幸，早已抵達的紐籍爸爸，已用枯枝生

火。可憐我在冬天山裡只吃冷冰冰的食物，小屋裡的夥伴紛紛將包裡餅乾和火爐遞了給我，令我很是感動。

　　暖暖的篝火，一閃一閃的火苗在我們的瞳孔閃爍，像極了童話故事裡說故事的場景。而我接下來要說的卻是一個山裡的靈異故事，一個我想也想不到會發生的故事，鐵齒的人一定會覺得我胡說八道的故事。

　　我並沒有靈異體質，也沒有陰陽眼；但是我深切地感受到那一雙來自靈界的手，就抱在我的腰上。事情的經過是這樣的，我們晚餐過後，坐下來閒話。在黑暗中把玩塑膠小象，將小象拋高，掉在桌上，瞅見小象跌在桌上的壯態，依著遊戲指南上的要求評分，分數最高者為勝。這看似幼稚的遊戲，卻打發了無聊的晚上。半晌，人人紛紛露出倦怠的情緒，滅火就寢。我選了靠窗的位子，把毯子放下，打開睡袋，窩身在裡頭，對這窗戶，就迷迷糊糊地睡著了。也不知睡了多久，恍惚間，我聽見身後傳來窸窣的聲音，有點類似古人敲擊打火的聲音；但當時已是三更半夜，誰會在沒事起來點火？覺得事有蹊蹺，我閉著眼睛，不敢回頭。突然間，奇怪的事情發生了。我背後的毯子像被什麼壓得往下陷，感覺是一個人躺在我的背後，並且向我的背後靠攏。我清楚地感受到那一個柔軟的身軀。是人？是鬼？但身後感受不到一點沒有溫熱，而以我的姿色，也絕不會引起兩位女性對我投懷送抱。想到這裡，我的背椎一度發麻，起了雞皮疙瘩，就在此時卻明顯地感受到一雙手從背後緩緩伸出來環抱住我的腰。天呀！這是夢嗎？還是現實？

　　這並不是我第一次在旅途中遇見靈異事物，上一回在奧克蘭的八人房裡，當時我就睡在靠近大門的雙層床上層。房裡並不幽暗，牆上也才剛粉刷新漆，而我躺在床上卻難於入眠。時間是晚上11點，老外睡得早，遲歸的我只好在床上數綿羊。猛然間，像是耳鳴一般，耳邊響起了「嗡嗡嗡」的聲音。一股超強大的力量把我整個人往上方施力拉起，爾後呈三百六十度在空氣中旋轉。我身旁的海報、床褥、天花板風扇、窗簾，地板，不斷地向後游離，比風吹還快，從影像清晰到變成流線條一樣。其他

的人們正睡得香甜，絲毫就不知道房間的天花板上發生了什麼事。當我清醒後才知道，那是我的三魂六魄被厲鬼強烈地扯出身體，在空中盤旋。聽聞的朋友常問我，靈魂出竅是不是就跟作夢一樣？那絕對是一種奇妙的感覺，真真確確地發生。在我意識清晰，魂魄回到身體時，床褥都是我的冷汗，我按捺心裡的害怕，立刻到櫃檯要求換房。

　　謝天謝地，兩次遇鬼並沒有令我命喪他鄉。在我口中念念有詞，阿彌陀佛聲中，所有事情的原委恢復正常，抱著我腰身的鬼手不見了。太陽依舊升起，而我依舊要上路，和德國人分道揚鑣後，我沿著湖口走回市鎮去。

▌早上起來雪山就在你眼前。

3

1 2

1 大自然是如此奇妙和偉大,在壯麗的山湖中,我自慚形穢了。

2 湖頭山間小屋睡了一夜。

3 喜見野鴨嬉鬧。

16 回到過去

〰〰〰〰〰〰〰〰〰〰〰

我幻想自己趕赴一場時間的旅行。在這趟行旅中，
我看見了自己和別人的過去，我也看見了沒落和哀傷。

格雷茅斯（Greymouth）是一座靠海的淘金小鎮。剛進入市區，第一
先瞅見的長長的一排店鋪，都是裝潢很是簡單，卻不失精緻的小店。路的
盡頭，店鋪之後，上面黑黝黝地聳立連綿的群山，是兩抹淡青的遠山反射
金太陽的光。差不多每一家店都有美麗的中年老闆娘坐鎮著。小鎮的建築
設計，有點像當年的礦區城市。我因為貪圖某咖啡廳的免費寬頻，點了一
杯焦糖瑪奇朵，叫了一盤雞肉派，背對著老闆娘坐在卡其色的沙發上，對
熱咖啡吹氣。隨手翻開了一本雜誌，攤開在膝蓋上細細地咀嚼。我幻想這
樣的場景許久。微電影、小說或MV的標籤，一個人的咖啡廳，一個像貓
一樣慵懶的下午。我洋洋得意，以為找到了某種意境。呷了一口咖啡，再
抬起頭來。驟然間，一切都變了。

那本信手拈來的雜誌，是時空錯落的工具。眼前坐著一個剛從礦場
回家的老者，口中叼著塞滿煙草的煙斗。繞過他，走到街上去。街上的情
形一改適才的昏沉陰暗，像是畫家重新上色以後的格雷茅斯。好奇心驅使
我往前踏了一步。人們都朝我吐出了笑容，我不懂他們的意識。剛才遠遠
的，我隱約看見了街尾，有類似火車的樣子。果然，在水洩不通的人
群中，費勁地逆人群行走，我到了火車前，端莊的老車長，含笑招呼
我上車。

「到哪去？」
「去採金去。」

於是，我跟隨著人群，擠進了空間極小的舊火車廂。眾人不時嘟嘟囔囔，交頭接耳地說著我的八卦；大概是說我瘦小，說我沒帶任何工具，卻來湊熱鬧之類。這裡無論老婦孱弱都挑著淘洗盤，沒有一個像我一樣，兩手空蕩蕩地上車。這車上黃皮膚，黑眼球的傢伙少說也有四、五十個；坐在我身旁的矮小子，就是其中一位。他看起來年紀尚輕，卻因為紐西蘭的多變天氣，讓他長了一臉的麻子。麻子臉從他的藍色大褂裡掏出了巧克力分給我吃，夾帶廣東語調的普通話同我說：「打哪兒來呀？」

我眯著雙眼，仔細端詳麻子和他身邊的廣東籍同胞，一律單色的大褂，高瘦環肥。有的髭毛盤紮，山羊鬍一綹綹地掛了下來。火車在轟隆隆的巨響中前進，仍然是舊式的煤氣發動。一轉眼間，就把我們丟在十七世紀的金礦區裡。信步走到山上品味礦工的生活百態。我走過他們在山間搭起的小木屋。大門敞開地勢無忌憚，任由你直視窺竊他們生活的點點滴滴，僅有十一、二坪的小木屋只有女人在裡頭忙碌。女人做麵包、燒咖啡的味道，充滿著生活的氣息。那是我尋尋覓覓已久家的感覺。我鼻翼悄悄地聳動，嗅聞飄浮在空氣中咖啡和奶油的氣味，愕然發現自己竟然站在女人的跟前，女人卻表現得極度從容，對我報以羞澀的笑容，我心裡感到一陣溫暖。

我還沒來得及感動，眼前的視線像舞臺上的聚光燈，瞬間轉換，我回到麻子的身邊，看他們在礦河淘洗金礦。我站在他們的身後，俯視他們單調的背影。彷彿就像河邊的一具雕像，栩栩如生。看著看著，不由得失神了，還好麻子把我喚醒了。「快來，你也採一些。」他拉著我的手，一股興奮的情緒從他的手上傳遞到我的身上。我震懾了，好久好久。稍後，麻子幫我淘了一些小金粒，把它放進塑膠透明的罐裡。

「送給你。」他猜我應當喜歡這些金粒，除了這些，其餘的都拿去了換了些銀兩。

「你也來我家吧。」才走下山坡，我就被麻子和他的朋友簇擁著無法離去。麻子也不等我回答，就挨著我的衣袖同他遠去。命運有時就是如此巧妙。如果不是麻子的熱情，如果不是我固執要踏上那趟轟隆作響的高山火車，我也不會見到麻子，那我就不會見到這片完全不屬於紐西蘭的一片地方，聽見華人遠渡他洋的辛酸故事。進入村裡時，我愣住了，來來去去的都是黃皮膚，蓄著黑頭髮的中國人，彷彿你來到了中國某一個地方。整條大街沒有一個金髮白人，那是多麼的熟悉和溫馨的畫面。窄小的石子路旁盡是木制的小房舍。有些房門戶敞開，門前高掛著大紅燈。屋簷下蹲著一個滿面皺紋的老人。他拿著一把巨刀，把青竹竿剖成兩半，再小心翼翼地把竹片削成薄片。見到我，面上的嚴肅，即刻換上的笑容，大概以為我是同鄉吧。

老人把屋內的籐椅搬了出來。我連連稱謝，下意識的往屋裡走去，屋裡窗明几淨。泥地上沒鋪板，微微泛著泥土的香氣。老人叫戴祖，1869年來到紐西蘭，以採金礦為生。那年，家鄉在珠江三角一帶的中國人生活困苦，在英帝國霸權主義欺凌和鴉片活動的影響，年輕健碩之輩都希望出海找生計，說不定捎回來的血汗錢，就是救命錢呀。

「那時局，我沒有辦法呀，家兩老，大大小小十幾個人，聽說南部有黃金，我就趕上船了。」「從此不見我的妻呀。」老人說到這兒，老淚縱橫，雙手遮住眼，好像覺得有點不好意識。」

「你道這兒是黃金哪，我吓。」老人開始不再拘謹，說起話來粗聲粗氣。

「我們一下船，洋鬼就收我們每人一百英鎊的人頭稅，這不是詐財嗎？那些白人、毛利人，看我們工作勤奮，就老是想欺侮我，你知道嗎？我們看到他們，就遠遠地躲開，不然吶，他們就會說你瞪他們什麼的。我的朋友，就這樣被他們當街拉扯，我們個子小呀，哪打得過他們高個子。」

　　說話間，一個頭上紮著黃布的年輕人走了進來，肩上顫巍巍地擔著長長的扁擔，都是米和疏菜。那年輕人是老人的乾兒子，兩人相依為命，見到有客人來，也不等他爸囑咐，就進後院宰了隻雞下飯，這倒令我不好意思了起來。這時，天色漸漸暗了下來，麻子也回自己的家去，說好明天來接我去拜見他們這裡的貴人。老人的乾兒子叫小凱，在屋後升起火來，就把所有的雜菜、蘿蔔丟進鍋裡翻炒，隨手撚了鹽巴，大刺刺地撒了下去，也不覺得過鹹。我一個人立在旁，有點尷尬，便自告奮勇地幫忙，但他們念在我是客，硬是不讓我下廚。我只好站在院落欣賞夜的景色。老人把雞毛拔了乾淨以後，就數刀俐落地開膛破肚，把佐料往肚裡一放，盂鍋一蒸，就熟透了，煞是美味。

　　我們在屋後，摞了個板凳，就入鄉隨俗同他們用碗筷大塊朵頤起來。席間，我們相談甚歡，加上老人從廚櫃裡翻開的烈酒，令我產生微醺的感覺。言談間，我對小凱的眼珠子呆滯無神的表情感到納罕，不問還好，細問之下，原來小凱的左眼在一場礦災事故而瞎了。這些年來，就靠這右眼過活。我們聊了一個晚上。累了，老人把我領進了簡陋的小房間。小茅舍顏色陰沉，籍著蠟燭的光亮，我悄悄地端詳這間小房，房的一隅，是由茅草堆積著，估可藏一個人，應當是冬天取火用的。對著一張矮臥鋪，那兒沒有像我車裡的枕頭，就用一塊圓木，再覆上麻袋布。

　　隔日一早，我被映在床前的朝陽喚醒。瓦上淡淡的雪在朝陽中融化。屋頂的背後就是山，黑壓壓，山上樹枝映著光，像是剪影。我信步走進廳裡，赫然發現廳的靠牆一帶，坐著一夢慈眉善目的觀世音普薩，即使是離鄉背景的中國人，仍不離不棄華人儒家、道家和佛教的傳統。聽小凱說，偶爾有西方傳教士上門佈道，基於禮貌，不妨聽一聽，但談到入會，那就難了。麻子來接我了，我含笑地謝過小凱和老人，不免感到黯然。我握著他倆的手，這麼用力。我感謝他們一晚的熱情款待，令我感動的語氣哽咽。

　　「你要帶我到那去？見誰呀？」

「楊世業一家。」

「他們是誰呀？」

「我們這裡的恩人。」

「呃，恩人？」我臉上一片詫異。

「是的，他是最有錢的華人，又懂洋人的話，常幫我們和洋老說話，我們種的疏菜水果，都是他幫我們去賣的。」

說著說著，我們來到了一棟民房前，我怔住了，幾乎不敢相信自己的眼睛。那棟磚房，說不上富麗堂皇，但是住在裡頭的人，一看並非等閒之輩。一走進大廳，一個蓬著頭髮的女人，頭髮是電捲燙的，波浪主要在額前，下巴略薄。微捲的髮梢彎過了耳。他就是楊世業的夫人曹愛玲。她臉上敷了一層薄粉，描了眉，上了唇膏，也不是因為有我這位客人要來，倒是攝影師要來幫他們拍張全家福呢，正好越洋留學的孩子回家來。這才約了攝影老師來這一趟。和她臉上極度不搭的是她嘴上叼著一口旱煙，和腳上的三寸金蓮，彷彿就兩顆小石子，深砌兩根木頭上。和我寒暄了兩句，就沉默了下來，都是生活的流水行雲。我們倆的對話有些斷斷續續的。還好楊世業即時地走了出來，打破凝結的空氣。楊大哥一身端莊的西衣西褲，身材高大俊俏，就連我這個男人也格外地看他兩眼。

我同楊大哥，倒是話題好多，一打開話匣子，就淘淘不絕，天南地北聊個沒完沒了；上至天文地理，下至風水文學，無說不談。我並非飽學讀書的儒雅之士，但是來自二十二世紀的人，在資訊轟炸的年代，對這些資訊略知一二，所以和楊大哥相談甚歡，畢竟是商賈，見多世面。楊大哥頻頻客氣留我吃早飯。我倒是不好意思諸多推搪。

此時，下人來通報，攝影師準備妥當。

「不如同我們拍照吧。」

還沒來得及拒絕，就被一群下人簇擁進房去換裝，我像是孩提時候女生最愛玩的芭比娃娃。他們精心從衣櫃裡拿出幾件西服，換了再換。我一個大男人在他們面前赤著上半身，不覺面紅耳赤起來。

　　照相機拍的是黑白照，大大的閃光燈，很是刺眼，拍起照啪嚓一聲大響。先是楊大哥一家大小，排排坐，肩與肩的併攏，每個人臉上傲人的神氣。所有的畫面就定格在攝影師的啪嚓聲之中。接著是我。我選擇在楊家的鋼琴前，突顯內涵的儒雅氣質。

　　「看這兒，一、二、三。」攝影師數到三，啪嚓一聲。在電光火石之間，我的身體驟然抽長了起來，那閃光燈刺了我的眼。這一瞬間，我像太空中飛曳的小飛船，撞見了黑洞。

　　我在何處？我在那裡？

　　終於我睜開了眼睛，我惶恐自己在哪裡？這是黑沉沉無止盡的隧道，沒有任何顏色，是不同的形狀包圍，然後，我累了，閉上眼睛。我鼻翼嗅著某種咖啡的香氣，是咖啡，是焦糖瑪奇朵。

　　好安靜？

　　攤在我面前的是一本雜誌，我正喝著咖啡，老闆娘對我笑了一下。原來我一直都在這裡，原來我不曾遠離。

　　那麼，剛才我是在發夢？

　　我怔在那裡，雜誌滑落了手心，掉在地上。斜眼一瞟，咖啡杯前安安份份的一張黑白照──我好整以暇地坐在鋼琴前。拍一拍衣袋，愣住了，從口袋裡一掏，那是一瓶裝著金粒的小瓶罐。

　　把咖啡喝完，我從地上撿起看一半的雜誌。攤在茶几上，正起身，一陣風飄過，雜誌剛好翻到那一頁。

　　標題是「格雷茅斯・流失的歲月」，上面有一張楊世業一家的黑白照。

1 坐著火車採礦去。
2 淘金水庫。

17 救命呀，救命

常常，我走到雲端之上，如此平順，總覺得什麼也不會發生。
倏忽，眼前一片迷茫，我失去了重心。
明白危機四伏，呼喊救命無濟於事，還是自己想方設法最實際。

　　我在荒山野嶺大喊救命，不是救我自己的命，而是我車子的命。當
然，如果我的車子沒命，也就等於我沒命矣。

　　在紐西蘭旅行，鄉里比城多，綿羊比人多。最可怕的是駕著車在長
長的高速公路，向身後疾駛而過的是平靜的湖泊，淘淘江水，連綿突兀的
雪峰，草木蒼勁的叢林，還有至高的雲海，沒有一點人氣；彷彿來到了無
人之境，雖無須為未解的人事煩擾，心無罣礙。只是敝人心膽小，經歷長
長的寂寞後，心裡不由得害怕起來，好像不祥之事會突然找上自己，無人
伸出援手令人心生恐駭，興許不祥之念冥冥之中牽動，這回我在前往伍茲
溪（Woods Creek）隧道的路上，車子就出事了，出在人煙稀少的地方。

　　要怪就怪在我這個旅遊瘋子，偏偏讀旅遊書就如讀教科書這般詳
細，在方正厚重的書本中占了區區不到六公分的位置——伍茲溪礦區隧道
就激發我天馬行空的無數想像。那個在1865年，挖掘者冒著生命危險，用
腐爛羊脂肪塗滿整個身軀在工作的地方，那個引發紐西蘭十八世紀淘金熱
潮的地方，那是中國人大舉遷入的地方所在，明明就就是鳥不生蛋的莽
荒之道，我卻誤信旅遊書的悉心指引，在前往仙地城（Shantytown）的半
途，專程轉入岔道前往，先是一條大泊油路，路兩旁都是民宅和公園，接
著漸行漸遠，視線接著轉入一池小湖，瞬間從人造物跨境大自然，像分界
線般狠狠劃開。水湖上堆砌藍色的迷愁，湖後，泊油路須臾間換成小石

路，一路的顛簸令我的龍尾骨隱隱作痛，把我剛才早上帶來的一窺究竟的興奮，轉換成害怕。特別是空氣間的氧氣轉濃，不安全感的意念迅速蔓延；所以我決定打消念頭，調轉回頭之際，事情就發生了。我車子的後輪胎竟深深地陷入路邊的石磊之中而無法移動。

Help！Help！救命！救命！任我扯開喉嚨嘶喊，也大概沒有人聽得見。這裡方圓十里之外，甭說有人，連鬼影都不見一個。任我死命踩油門，後輪胎像是泄了氣的皮球，不動，結果我得下車來，想一想辦法。靈機一動，我想起適才駛過一間小小的木屋，木屋對面有一些工友正駕著怪手敲敲打打？是採礦嗎？反正應該可以走得出去。

我從我的貨車掫出背包，攬在身上沿著來時路回走。因為剛下過雨，一路泥濘和污水，佈滿泥路的坑坑洞洞，水窪各自為營地管轄自己的地盤，我得抬起腳，閃避一片一片的藍色。那些在電視節目中極地求生的畫面被搬進現實之中。好不容易，看見那間簡陋的小房子，我像是遇到救星一樣哭了出來。

「有人在嗎？有人在嗎？」費盡力量，我吶喊。無奈，回應我的是空氣。空氣中的人恐怕已到對面採礦去了。我必須在往更深更深的泥路前進。那些工友應該不會見死不救？另一層藏在我心裡的隱憂是他們要如何把我的車推上路，叫消防員嗎？費用是多少？拖車員嗎？

我對紐西蘭人的正義感其實非常有自信。打從我車子被偷，到旅行迷路，到教會索取免費麵包等等生活中點點滴滴，都大大顯現出紐西蘭人的熱情和仗義助人。毫無疑問的，我對他們願意施予援手信心滿滿。走到泥路盡頭，我看見了一個駕著怪手的中年人，約莫40開外，以白色襯衫打底，著藍格子毛衣，粗碩的臂膀和健碩的身形正是我的救星了。我幼稚地想像救星將一手抬起我車子的後輪胎，不覺啞然了。他託同事幫我的忙，駕著怪手，兩人把我載回車處。我盯著他倆看他們胡蘆裡賣了什麼藥？只見兩個救星從車裡拉出了一條大繩索把它鉤在我的車前，那位健碩男就一

屁股坐進我的車裡，啟動引擎。不消片刻，怪手和貨車轟隆作響，車子應聲而駛回正道。接下來的事，用膝蓋想都知道，我正磕頭如搗蒜呢。

　　經過這件事之後，我發誓再也不敢孤身走泥路了，但願但願我能信守承諾。離開伍茲溪以後，我駕著車往臨近的仙地城參觀去了。

PS：後來我在阿卡羅亞（Akaroa）又發生了同樣的事件，誰說我能信守承諾呢？

1　2

1　格雷茅斯金礦市的遺跡。
2　莫特斯啤酒（Monteith's Brewery）廠內，各種酒類，從古至今，攤開來。

18 走近荷基提卡（Hokitika）綠石老故事

綠石記載了好多故事，有我的故事，你的故事，
紐西蘭的故事，還有老的故事。

　　儘管友人調侃荷基提卡平淡沒落，不值久留，仍無阻我造訪老鎮的雅性，原因無他，純粹是為了以朝聖者的心態瞻仰綠石雕塑的精髓。荷基提卡果然是慵懶悠閒的綠石之都，我一下車，舉目所及無不瞥見精巧玲瓏的綠石小店，抬頭四顧，無不瞧見大氣磅礡的綠石旗艦店，老鎮蕩漾濃濃的古意。難能可貴的是，錯落於一列列的綠石巷弄之間，夾雜純樸殷實的老百姓人家，令遊人在流連倘佯於琳琅滿目的綠石之餘，得於窺視荷基提卡人民的生活故事，活脫脫的人聲流動的博物館。

　　對許多愛掏腰包買紀念品的遊客而言，荷基提卡無疑是必留之地。確實，坐落在南島西海岸的荷基提卡以盛產紐西蘭綠石名揚天下。相傳紐西蘭綠石多半產於西海岸達拉馬篙（Taramakau）、阿拉胡拉（Arahura）河流域和瓦卡提布湖（Lake Wakatipu）一帶。那些潛藏在地層下將近兩百萬年碧綠美玉為火山岩石和熔岩擠壓而成，爾後因地殼變動，隨著河床和冰川的轉移，這片玉石就好比被禁錮已久，迫不急待重見天日的栗鼠，暴露在光滑圓潤的圓石上。我不覺忖度當年，是哪一位毛利人獨具慧眼在水中撿起這塊珍寶，急遽改寫了綠石在毛利人心目中神聖的地位；倘若當年是歐洲移民撿起了綠石，同樣的綠石會否發揮出不一樣的作用？資本主義者會否僅僅將之當做搖錢樹？這冥冥之中自有定數也說不定。

　　毛利人對綠石的熱愛和崇拜是不容褻瀆的。翻開毛利人對綠石的傳說，屈指一算，不下於上百中。我駐足在綠石店的說明展前，謙卑地用我的雙眼，捕抓關於綠石博大精深的神話故事。據說，包提膩（Poutini）是玉石的守護神。當年，他被瓦提布（Whaitipu）砂岩的守護神追殺。輾轉間，他逃到了土華島（Tuhua）避難。百無聊賴的日子，卻讓他見到渾身赤裸的女人瓦它基（Waitaki）在海中沐浴。如此青春窈窕的胴體，任誰都會怦然心動。包提膩抓住了她，並遊回大陸。豈知，這件事被女人的夫君達馬花（Tamahua）發現了。只見他咕嚕咕嚕口中念念有詞，手中飛鏢一拋，飛鏢就咻咻地朝包提膩的方向疾射而出。就這樣，達馬花就一路追殺包提膩，從北島到南島。直到阿拉胡拉溪流，這位佔有欲極強的包提膩因為拒絕放棄瓦它基而把她變成了玉石。那日以後，阿拉胡拉河附近分支旁流，為紀念忠貞的女人被稱為瓦它基河，從此綠石源源不絕。對於這樣的故事，我內心充斥著矛盾。這傳說是真的嗎？這不是一齣現代肥皂劇？做為男人怎麼可以如此自私？我當然無從批判一個活在父權自上社會的古人，用荒莽的角度詮釋男女的不平等關係。

　　旗艦店的後堂是綠石加工場。跨過門檻，我們立即進入安靜的綠玉世界。小小的加工廠，除了迴盪著機械雕塑刀吱吱地聲響，和師傅的呼吸聲，四下裡一片寧靜。四個師傅各就各位地專注埋頭幹活神情，令我們一行人不得有一絲不敬或驚擾。趨近前看，不覺對師傅肅然起敬。那雕工之精細繁複，材質紋理之細緻，堪稱世間少有，巧妙地結合了人文和自然，在樸實無華的綠玉上，雕出一片天地。我難於想像這粗糙的璞玉，經由師傅的神乎其技的巧手，何化腐朽為神奇。倏忽，我的腦海中生起一股不敬的想法，這綠玉雕塑在師傅有生之年，已然價格不菲。若有日，師傅過世後，這藝術品豈非價值連城？想到這裡，真想左右開弓熱辣辣地狂打自己幾巴掌，以抵消詛咒師傅的罪過。

　　紐西蘭綠石玉雕塑大略可分為幾種，既有反映毛利人生活型態的玉制器物，如玉錛、戰爭錛和玉扁棍，也有呈現溫雅大方的裝飾，如魚鉤、

垂直、玉人和彎月吊飾。其中玉人吊飾不可或缺，當地人稱之為喜蒂基（Heitiki），大意為「懸掛之人」。在島國摩肩擦掌的大街上，不乏穿著摩登的毛利女人，而她脖子上圈著的綠石項飾，分外突兀，顯示出毛利人對自我民族傳統文化的執著。這些玉人吊飾，大多搞怪逗趣，以男人獨舞為形像，象徵財富、好運和健康。另有史料記載此吊飾乃是毛利人之神，人稱馬納亞（Manaia），擁有鳥首、人身、魚尾的醜陋形象，難怪可充當辟邪之用。誠然，在這保守的基督教國度裡，毛利人仍堅持擁護多神論的信仰。

我想起在羅托魯阿探訪毛利華卡雷瓦雷瓦部落（Whakarewarewa），對毛利人產生了濃厚的興趣和好奇。在毛利人的世界裡，大自然的一切皆和神明有關。舉凡是風、土地、海、天空，甚至是花草樹木和石頭，傳說都被神靈附體。毛利人相信這些神靈與他們的生活脫不了干係，於是從事畜牧農耕漁獵採集的毛利人，占卜問事是常有之事。以部落階級群居的毛利人極度重識鄰里巷弄的友好關係。每當一年一度的瑪塔里基（Matariki）毛利新年來臨時，左鄰右舍四面八方地湧進集會廳前娶首。人們翩翩起舞，高聲吟唱，相互碰鼻（Hongi），宴請四方，一片歡樂的氣氛和景象。主集會廳標示毛利人的成長里程碑，見證他們新生兒的命名禮、成年禮、婚禮和葬禮。而說起婚禮，毛利人的婚姻大多由長輩或部落酋長做主。部落之間的通婚並不受鼓勵。通常，婚禮簡單明瞭。男方只須雙手捧上聘禮，經由部落族長同意即可。而部落外通婚，免不了大肆宴客一番。

加工廠一隅，遊客可現學現做，只須挑選塊麗綠玉，在名師悉心指導，依著自己心裡的版圖，雕塑出獨一無二的玉佩或墜子。如果說這綠玉是有生命的，一點也不為過。它記載著創作者的精神、靈魂、感情、性格、思想、人生和歷史，並以一種樸素的方式鉅細靡遺地敘述予鑑賞者。在參觀的尾聲，當我觸摸那重達二十噸深綠色巨玉粗糙的表面，並在剎那間腦海中倒帶地播放著荷基提卡的人文歷史，這更證實綠玉生命之說，如

此荒繆卻不由得不信。這重二十
噸的大綠石如此委婉地瑟縮一
角，像是一個遲暮睿智的老者，
領受遊人的高度敬仰。它走過了
毛利人，塔斯曼（Tasman），和
庫克船長（Captain Cook）到來
的年代。走過英國統治和威塔奇
條約（Treaty of Waitangi）事
件，走過西岸十九世紀淘金的輝煌無
雙，如今看著荷基提卡卸下大半
世紀年華而回歸平淡，它比誰都
大感扼腕。

　　我在黃昏時刻離開了綠石
廠。和其他的旅人一樣，我雕塑
了屬於自己的綠墜子。與其相信
綠石是有生命的，倒不如相信它
能傳遞我的愛。回首今日旅程帶
給我的最大震憾，不是綠石，不
是老鎮，而是流傳在綠石背後扣
人心眩的世紀老故事。

荷基提卡的地標鐘樓，連同周邊的綠石廠，
把紐西蘭綠石神話娓娓道來。

1	2
3	4

1　重二十噸的巨大紐西蘭綠石，記載島國的滄桑。
2　各種各式的吊飾，有螺旋，垂直，魚鉤，扁斧，麻花，玉人和彎月。
3　師傅靈巧的手，雕琢出美麗紋理的玉飾。
4　簡陋的綠石加工廠。

1 毛利人的集會廳。
2 毛利舞者，載歌載舞，展現傳統民族色彩。

19 奇妙的小鎮

我喜歡新奇的事物，如返璞歸真的古代鄉間小鎮，
如孩提時候，停電夜裡到處飛舞的螢火蟲，如傳說中的貂鼠肉。

有一天，我在旅遊書上讀到了全紐西蘭最小的小鎮——普基庫拉（Pukekura）。說是小鎮，其實只不過由是一家小小的博物館餐廳，一間小背包客棧外加夜裡開張的小酒吧組成。整座小鎮就只有一對夫婦，蘢蔥的雨林圍繞著。我驅車前往的時候，腦海不禁天馬行空地想像，這樣只有兩人居住的小鎮，又在深林裡頭，不是很可怕嗎？那兩個人會不會是傳說中的人狼？吸血鬼？還是巫師？

那對夫婦當然不是巫師，卻是充滿生活情趣的兩夫婦。在深林隱居太久，豢養出乖戾跋扈的個性，但卻不討人厭。兩夫婦的生活多寫意，閒時就在林中打獵或是在亞特湖（Lake Ianthe）釣魚。抵達兩夫婦的餐廳時，就被種種啼笑皆非的告示牌而莞爾。小小的店面，門前這樣寫著：「我們多半在早上9點或10點店。偶爾會更早，大約7點正但是有時會很遲，約莫11或12點。我們大概在下午5點30分或6點打烊。有時候會在下午4點或5點關店。有些天或下午，我們並不在這裡，但是最近，我們常常都會在店裡，除非我們在其他的所在，不然我們一定會在這裡。」這樣標新立異的開店規則，簡直就是尋旅人的開心。

剛走進餐廳，又被另一個奇怪的現象給愣住了，只見牆上的時鐘居然只有1到10，10個阿拉伯數字，獨缺了11和12？鐘旁附加了詳細的說明：「由於我們最近工作時間過長，所以我們決定採用十小時制度，普基庫拉的十小時意味著我們每天的工作時間從十三小時縮短成十小時半。我

賣貂鼠肉的小店。

們的員工每天必須在較長的時間賺取時薪，當然他們會有更多的午餐時間，雨天去得也快。不幸的是，我們的睡眠時間也縮短了，太陽不會日照太久，所以當你們來到這裡，請調整你們的時間，多享受你的假期吧。」溫馨和奇特的制度，實在令人會心一笑。

找了個好位子坐下。開口便問：「請問這裡有賣貂鼠肉嗎？」老闆娘聽在耳裡，面上洋溢著愉快的表情。「貂鼠是我們私下打獵捕獲的動物，政府違禁售賣，不過，如果你願意捐款四紐幣給我們的博物館，我們會把它當禮物送給你。」說再多的話只是為了賣違禁品而更名正言順，當天下午，我吃了味道有點恰似豬肉的貂鼠肉。

小鎮其實不奇怪，奇怪的是小鎮的人，包括來吃貂鼠肉的旅人。

20 法蘭茲・約瑟夫冰川 （Franz Josef）──稍縱即逝的美麗

> 很多美麗的事物瞬間即逝，就如彩虹，就如海市蜃樓，
> 故而我們應該多多珍惜。

　　我在天色漸暗的傍晚4點，來到這法蘭茲・約瑟夫小鎮。這座以法蘭茲・約瑟夫冰川命名的小鎮，是為一圓冰川健行夢的實踐者而設的。一條筆直冗長的大馬路沿著西岸的迂迴海岸線穿過了這裡，彷彿所有的背包旅者不經意地路過，都會為了法蘭茲的風情嘎然而止。小鎮的星空森冷得有點可怕。路兩旁的店都陸陸續續打烊了，倒是街燈稀稀疏疏的昏黃，猶如哈利波特一掃而過的魔杖，閃耀黃色的星輝，為我這無家可歸的路人照亮。那是對我這孤獨旅人施捨的一些包容和退讓。來到這裡的第一晚，我兀自納罕在那裡可以停車過夜？「那裡絕對不可隨便停車過夜，那裡是旅遊區。」蘋果包裝廠的朋友義正詞嚴的高分貝話語，不時在我耳畔響起。旅遊區，旅遊區，因為打著旅遊區的幌子，路邊的超市，密密麻麻的罐頭價錢水漲船高，加油站的一公升兩元半的隨市價波動的油價，令遊人連連叫苦。是登上冰川的夢幻之地，卻也是唬怕旅人的消費之地。

　　法蘭茲冰川就座落在雨林深處，追溯起來歷史久遠，南阿爾卑斯山（Southern Alps）山脈的高山群，地勢淵博，山高氣溫冷，單是從山上流淌下來的冰川竟有七十二條之多。這些冰川渾然天成，早在西元前就生成，隨著地殼的變遷，文化的薰陶，他仿如阿里巴巴和四十個大盜的寶藏，等待人們對它吶喊芝麻開門。1865年的那一天，當朱利斯・哈斯特（Julius Von Hasst）探險隊穿過低矮灌木叢後，冰川的美麗輪廓遠遠地呈

現在眼前，霍然間目瞪口呆。那晶盈冰體顏色是斑斕多變，宛如變色龍，一會白皓勝雪，一會幽藍如海，一會碧綠似玉，一如今天我們第一回盯著冰川在瞧的情形。

　　它美麗令人覺得快停止喘息，美麗得所有的形容詞都黯然失色。它令一向文思泉湧的我，任眉心多麼糾結，都找不到詞彙，於此景匹配。莊嚴，略嫌蒼白，肅穆，略嫌得淺薄，當下只好靜靜的，什麼也不說，什麼也不做，怔怔的立著，欣賞著冰川在豔陽的照耀下閃爍出來的伊人風光，免得說出來的任何話語都褻瀆了這片美景。即使就地重遊，感受畢竟無法重來，還原當時。我覺得。

　　當陽光遠遠的把我們的身子向後抽長，大夥兒隨著嚮導的引領，登上了冰川層層表面。陰濕玻璃似的冰柱階梯左彎右拐，顯然是前人留下敲鑿出來的路。這冰川遠看就像是千奇百怪的魚鱗，凹凸不平，粗糙醜陋，近看，倒好像是晶瑩剔透的寶石，卻是髒兮兮的，像老兵的白色襯衫被黑炭弄得汙舊。雙手觸摸冰川的粗礪表面的時候，我不得不讚歎大自然的鬼斧神功，這冰川如此肅穆蕭然，頂天立地，是粗獷豪邁的大漢。等到我按下快門，他們就如川劇裡的演員，驟然變臉。咦，這不是德高望重的老僧老衲，眉宇之間，有一股祥和靈秀的氣質，一股凜凜不可侵犯的模樣。我一度錯覺自己在武俠世界和高手過招。

　　一步一步，攀上大冰川的高峰，大家不免氣咻咻地吐了一口長氣。從最先前的錯愕，驚歎，懾服到最後的稀鬆平常，只有短短兩柱香的光景，卻也令大夥兒喀嚓喀嚓按下了好多快門。而此刻冰川的上峰，錯落著縱橫如鳥巢蜂窩的冰川裂縫窟窿，是此趟旅程的壓軸。儘管天色轉淡，嚮導仍然不厭其煩在冰裂縫安裝尼龍繩等器材，任我們在裂縫中穿過，把玩。兩座高高的冰壁，把人擠在細縫之中，像極了老人的笑臉上的魚尾紋，擠呀擠的。狹窄奇異的仰天視角，天空的蔚藍和冰壁的深藍，相互襯托，互相謙讓的兩兄弟。而說起我印象最為深刻的是匍匐爬過冰洞的窘態，幸好隊友都是年輕力壯的好玩之士，才不至於掃了大家的興，我們嬉

鬧的聲音被人工開鑿出來的冰洞阻隔得如斯微妙，不斷反覆無常迴盪迴響。那一刻，我第一次覺得自己和冰川那麼靠近。

什麼時候，我和冰川會那麼遙遠呢？

當聽導遊說起，因為溫室效應的問題，而法蘭茲冰川越發縮短的時候，當我在回程巴士的路上，瞥見青色告示牌寫著當年法蘭茲冰川的所在位置時，這是我和冰川處於最遙遠的位置。我深切地感受到心理的不平，肌肉沉痛，心在淌血。難怪乎在《一百個即將消失的地方》（*100 Places to Go Before They Disappear*）*一書中，法蘭茲冰川被列為其中一個即將溶化的地方。我現在站著的冰川表層，在若干年後的今年，也許它的生命枯萎了，不會恢復我所看見的樣子。

兩個月後，我在報章上看見了一則令我起雞皮疙瘩的消息。一個大馬人和一個臺灣人游法蘭茲冰川時失足跌進河裡身亡。這或許在意味著什麼？

* Co+LifeA，《100個即將消失的地方》（臺灣：時報出版，2010/04/01）

法蘭約・瑟夫冰川溶化得好快。

1　馬迪遜湖（Lake Matheson）映照出庫克峰（Mt. Cook），塔斯曼峰（Mt. Tasman）和拉貝羅斯峰（Mt. La Perouse）的倒影，是美麗的讓人心醉。

2　福克斯冰川（Fox Glacier）是如此動人和令人感觸。

21 我夢中的祕密樂園

夢成真是一件好事，夢想成真亦然，在現實中尋到夢中的祕密樂園，
機率之低，卻叫我遇上了。

　　克倫威爾（Cromwell）的圖書館，各類書籍包羅萬象，密密麻麻的樹桌，一字排開，整齊劃一。晌午的陽光透過一扇一扇的窗簾布飄了進來，照亮了塵絮，飄呀飄的，飄到了桌下藏了起來。就宛如我此刻的心情，鬼鬼祟祟，冀望把自己藏了起來。

　　圖書館裡門可羅雀。捧著一本書大約看個半天，被驚擾時已經翻到兩百六十五頁。當然，這不是我。我可沒有這般閒情逸致讀一本書。不時地，我觀察著圖書館服務員的動靜。一旦她稍微伸了個懶腰，或是打了哈欠，或是耷拉著眼皮子，都會叫我心跳加速，血液逆流。

　　我在做著一件世人所不容的勾當。一件說起來人人都覺得窩囊透頂的事。做這樣的事，首先臉皮要夠厚。心胸要豁達，膽子要夠大。最重要是要催眠自己這並不是一件十惡不赦的事。重點是它的的確確只不過是一個小事，並不打緊。

　　我在書架上隨手抽了一本書下來，隨意十分，不講究內容。我只是佯裝在讀書，卻其實在監視管理員的一舉一動。把毛大衣脫了下來，將手提電腦，手機，相機和錄相機的充電器插在圖書館的電插座，在擺上了我的毛大衣蓋著。然後盤膝坐了下來，假裝什麼事也沒有發生。我低著頭自顧自地讀書，看似平靜的外表，內心是一團火焰燃燒，宛如地心的溶岩火焰翻滾蒸騰。

電插座旁掛上了「不准使用插座」的指示。字體工整立體，我沒有任何理由漠視它的存在，但我沒有選擇。也許明天我就乘直升機飛上高空去觀景，相機需要有充足的電力，才能拍照。人生能有幾回來到紐西蘭這個國度，人生有幾回才能乘直升機升天，故而無論有多麼的困難，我只要咬著牙，就硬生生撐了過去，一個小時很快就過去了。

為了不顯得突兀和顯眼，為了令他人都不會察覺任何異狀，我特意選擇了兩個書架的縫隙坐在裡頭。若日光燈不夠亮，沒有人會發現我的存在。最好我的存在感消失。當然我不是隱形透明的，所以一定會有人撞見了我，像是撞見了小偷在偷東西。我覺的冏爆了，好比一隻困頓的獸，越要不引人注意，卻顯得更乖離現實。

逢到有人走進書架間挑書揀冊，我都會止不了身上的不自在，所有身上的器官麻木。彷彿做賊的防抓賊，我一雙烏溜溜的眸子在管理員身上打轉，兩隻長長的胳膊瑟瑟發抖。這反應完全不正常，應該是管理員盯著我看才對。我就是要使壞，專欺侮管理員的好脾氣，欺她不想把事情鬧大，而自討苦吃。這當然是我一廂情願的想法。也許管理員根本視若無睹，也許他們是好心不和我一般見識。琢磨間，電腦充電器的紅燈轉綠。好呀，終於好了，我等這一刻就如大半個世紀那麼久，彷彿人一生那麼長。一眨眼，我從呱呱墜地，到兒孫滿堂一樣。然後，把手提電腦插頭拔起，眼下換相機電池充電，我有兩顆電池，充滿電，大概又世代交接，我的子孫已膝下無雙，沸騰的心仍在。

就在這時，那個身子豐腴的女子管理員，從櫃檯上騰下身子，跋著鞋，嗒啦嗒啦地徑直向我的方向走過來。我反射性地把頭壓低，怔怔對著手中書哆嗦，七上八下的心，正醞釀著臺詞。該又怎麼答她？她的確走到我跟前書架前，也不搭理我，只是在書架上挑了幾本小說，就掉頭離去。而正當我正要卸下心中負荷，輕輕鬆鬆的時候。她回過頭來，這一刻終於到來。

我等待這一刻多時了。那一秒鐘的時間說起來倉促，卻是令人期待。那一秒鐘，就有如氣球放手，急速竄逃升天的一剎那；有如茶杯被打翻，茶水四濺的一瞬間；有如縫衣針紮傷了手指頭，痛楚傳遍全身的一剎那。空氣彷彿凝結，時間化為靜止。

「你在這裡看書嗎？」管理員嫣然一笑，自然合宜。

「是……是……的。有……事……嗎？」我結結巴巴地說，是心虛作祟，但也知道應該打起十二分精神應戰。我全身毛髮豎起，恍如發難的貓咪，準備在緊要關頭發難。下意識的，我把寬大的大衣，往旁邊挪了一截子，想遮住滿地的蒼涼插著電的手機，錄影機和相機。出乎意料之外，我的小人之心，令我整個人縮小如小人國裡的侏儒。

「沒有，這裡很昏暗，想提醒你到桌上去看，那裡燈光亮，對眼睛比較好喲。」管理女笑得靦腆，很有禮貌地說。

當下，我感動地淚流滿地。

當然也許她是婉轉地提醒我，但是那道臺階很好，我輕輕巧巧地就走下去了。

克倫威爾這個地方，幾乎在我旅程中錯過。

前往皇后鎮（Queenstown）的半途中，路過克倫威爾，被碩大的水果造型而吸引，而意外地留在這個小鎮。當我踏入這塊土地以前，從來沒有想過這塊地域居然和我有那麼密切的情感瓜葛。

我其實知道有這個小鎮的存在。每年12月，櫻桃收成的季節，就會有成千上萬打工度假的背包客如滔滔浪潮般匯入這鄧斯坦湖（Lake Dunstan）旁小鎮。我總粗鄙地以為克倫威爾充其量只不過是個打工小鎮，不適於旅行。即便一動也不動地坐在鄧斯坦湖邊，我也對眼前的山水無動於衷。直到我來到這裡，鬱悴的心胸豁然開朗。那是一種前所未有的舒服和親切感，像是失散多年的孿生兄弟怦然相遇般的熟悉。

　　那一天下午，太陽和往常一樣空明，天空並沒有因為我將重遇故鄉而多了幾片雲彩。湖中的鴨子也沒有特別亢奮，優游自在。我循著旅遊書，想找一找傳說中的鬼城——聖巴坦斯（Saint Bathans）。書中說的鬼城帶有神祕詭譎的色調。我想像著一大片的沙漠孤荒之中，聳立一座死城。說是死城，有點太超過，其實只不過是一個十九世紀的泥磚酒店，空無一人，門前有一道旗幟迎風招展，簫瑟飄揚，呈現出一股死寂沉沉。風飄起時，窗櫺被吹得咯吱咯吱地響著，偶而淅瀝淅瀝的瓢潑大雨，彌漫永無止盡的荒涼淒滄。無論是上弦月，或是圓月升起的夜裡，它都給人一種恐怖驚怵的感受，令人起雞皮疙瘩，毛骨悚然。特別是當你聽到嘶嘶狼嗥或是蟲兒秋秋刷刷地拔節兒時，你可以幻想在殘磚斷瓦間，爬出一個滿身螻蟻的骷髏，飄來一團白影，或是魑魅魍魎。這樣的情節，竟意外吸引我。

　　「那裡什麼也沒有，去了是白去。」屢屢在問路時，不時收到這樣的回覆，但卻澆不醒我想去的決心。彷彿仍然年少輕狂和風花雪月，我開著車在婉延的蛇道前進。一直找呀找的，就是尋不著。傳說中的鬼城果然好像鬼魅般如海市蜃樓，只存在記憶中。

　　當我感到挫敗和沮喪，握著手中的地圖，意外來到這裡——克倫威爾舊城區（Old Cromwell Town），豁然改寫了我對克倫威爾枯燥平板的固有印象，從此情愫糾葛。當我沿著班駁城牆，拐個彎步入古城，突然心中一愣，某中感情執意在我渾身流淌著，像開啟心中那把快樂的鑰匙。古城雖是古城，古城雖很老，卻質樸得如同不食人間煙火。如同鄉下的老人灰撲撲，不經粉飾的臉，自然和原始。那裡的每一家老店，每一間藝廊，彷彿巧妙的從十九世紀保留至今，任由外頭轟轟烈烈的發展，它都不掛心。它就只要做它自己。難能可貴的是，古城不似羅馬，不似雅典這般，名滿天下。這倒豢養出它高貴，典雅，曲高和寡的慷慨個性。我走入古城，感覺這樣的意境似成相識，一磚一木，好比故鄉，彷彿在哪曾經見過。

　　陡然心裡一震，對了，就在夢中，在好多年以前的夢中，也許是童年時候，也許是青蔥的象牙塔歲月裡的夢中，我曾經來到這個美麗的地方。在那個夢中，也是這樣的磚牆，牆根下長滿了小麥草。陽光也是這樣的熹微。此刻的現實踩踏彷彿還原當時的夢中，令我錯覺自己究竟是否還未醒來。人生不是一場夢嗎？難怪這麼熟悉也那麼喜歡。

　　順著檯子步入巷弄，時光像退潮的坑地低窪地汪著，靜止不動。光線照著，或是古城，或是參天喬木，或是緩步走動的人，或是扶疏的矮花，投影在牆上，應和著風吹，一上一下，一左一右的擺動，活脫脫就是大自然的皮影戲。古都城牆都是有土磚層層疊疊地砌上，清一色的土褐色，好像所有的顏色在這裡會相形失色。有的外頭鍍上一層土，有的則赤裸裸的不披上大衣，兩者據說有防潮防寒的功能，充分顯露了前人的智慧。畔湖，遂易於取水；鄰里擁擠，遂倍感親切。地上的石磚路左拐右彎，又逼仄，又狹隘，一個轉彎可能就和他人撞滿懷。那是在十九世紀，淘金客聚集的盛況。如今，要在每個牆角瞥見人像背影，幾乎如海中撈針。探訪古城的這一天，除了店家，就只有我形單影隻地晃蕩，蕩出了絕美的迴響。整個古城，猶如人人都逃脫的空城，但卻充滿了懷舊情。我用悠閒的步調，在城中穿梭，一家一家的店在看。店家大都清閒地作著自己的事，在看報，在聽小調，在裝潢，在畫畫，好像你來不來都和他有何干。他最美的壯態就是現在這般專注地做著當下的事，仿若雕像。倒是我，為自個兒驚擾店裡的和諧而感到汗顏，非得透過窗玻璃窺竊裡頭的行雲流水，方能推門而入。

　　印象中最深刻的一家店，門戶敞亮。門旁擱著年紀長老的黑色腳踏車。車頭的棚子栽了牡丹和杜鵑，腳車上面的牌子立體寫著「Earth Elements Old Cromwell」，大約是售賣石製品。車下幾簇生嫩的青草，飄著草香，混著泥土味。這樣的造型感覺悠雅和神采。果然不出所料，店堂裡頭都是鵝卵石，從原始未經雕工到成品，都應有盡有。看得我琳琅滿目，眼花撩亂的。而店堂上的屋頂樑柱掛著絨長的帆布，波浪型一樣，微弱的白燈光下，不覺彌漫了羅漫蒂克的氛圍。

　　掌店的是一位清秀的年輕女子，眉清目秀。她溫文有禮地拒絕我拍照和錄影，也不生氣，逕自走了過來和我分享那一顆顆石頭的傳奇。她說石頭都是從西岸的傑克遜海灣（Jackson Bay）撿來，經過粉琢，可雕成首飾、鎖扣、雕像等。她說話的語氣，不同於低級世故的市場叫嚷，而是一種純粹的說故事，沒有利益夾雜在她的企圖心裡，好比這裡的人都不為柴米油鹽而煩惱，任何和金錢掛鉤的想法，都會顯得庸俗，一浮上心房都會感到對店家的褻瀆和不敬。比起色澤光潔的鵝卵石，我更喜歡這空間小小的店面，精緻可人，還有店主純潔的心靈。

　　走到靠湖的古城角落，遠處飄著白色雪山，朦朧著，倒映在湖中，有一種空靈蕭瑟的美。看久了，也會困惑起來，不知哪個山，哪個是影，實虛難分。路邊鱗次櫛比立了一排仿古建起的店，有穀倉、有烘培屋、有肉店、有雜貨店和古老咖啡廳等，而店前的石板路旁錯落了一些不知名的淘金器盃，長得好比蜘蛛一樣，還有仿古馬車。路上隱約深深淺淺的馬車輪痕。我腦海浮起當年十九世紀淘金城的情景。

　　「車軲轆咕嗞咕嗞在店前停了下來，幾個趕在夕陽落下之前的淘金客，湧進了咖啡廳，點了碳燒咖啡，或啤酒。爐火剛剛生起，熱騰騰的和店前的喧囂如出一轍。人人臉色頹敗，一身剛放工留下的邋遢。有人從懷裡兜出了煙袋，背著人就吮吸了起來。那個世道，沒有大煙，生活咋過下去呀！當然也不可沒有賭博。有人隨手在桌上拾綴了一包撲克牌，就興致高昂地賭了起來。這會兒，從後院撩開門簾，走出了一個身材婀娜娉婷的女主人，手中捧著幾壺咖啡，扭著幾乎快斷的腰肢，朝著客人走去。也不介意男人的手髒，任由幾個酒鬼在她身上摸了一把。但那並不是人人都有這特權，碰到陌生的或是討厭的，她就會清脆地給他一個耳刮子，直把人打得愣在那裡。到了晚上，往往，正宮太太就連擠牛奶才穿上的肚兜都忘了脫，就奔來咖啡廳，捏著男人的耳根子走人呢。」我為自己的天馬行空而莞爾。

　　已經把整個古城逛完了，卻不曾興起離去的念頭。或許這城和我有某種天註定的淵緣，才會令我不經意的時候來到這小鎮，並深刻地愛上它。

　　這件事在我的生命相簿中留下了無法磨滅的一頁，在往後的日子裡，再也沒有這樣一個令我深刻的地方了。

1　我幾乎錯過這家小鎮，直到看見了水果造型。
2　印象深刻的一家店，專賣石製品。
3　很喜歡店前有這樣的腳車，有一種優雅的氛圍。

1 空無一人的舊城區，令我走入歷史。

2 防潮防寒功能的土牆，想像冬天火爐燃燒時是怎樣的光景。

3 我夢中的村莊就是這樣子。

22 皇后鎮露宿公園

動身前往皇后鎮之前，我打定主意露宿街頭。
「哇，你真大膽。」身周的朋友對我睒巴著眼，
好像我在說了一個天大的笑話。那一年冬天，笑話赫然化為真實，
像小說情節赤條條地發生，來不及閃躲。

　　一抵達皇后鎮，我的眼眸就不斷放大搜尋，像飢餓難耐的狐狸，四下裡尋找獵物。我所說的獵物是可以讓我遮風擋雪的容身之處。今天，我打定主意，要一分不花的情況下，度過一夜。明天一早，我就乘搭訂好的巴士票到基督城（Christchurch）去，只有傻子才會花錢下榻一家民宿。我想我這樣怪離乖張的價值觀，應該會引來炮轟和撻伐。我們的教育制度教育我們理智的人，應該得花錢住宿，正規的生活是必然。甭說是天氣炎熱的夏天，更何況是大雪紛飛的冬天，皇后鎮昨天才下過一場大雪。

　　像這樣惡劣的天氣，我居然頑固一改常態地和正規生活相挺抗理。難怪人人說我是瘋子，就說我長達六個月的時間住在車上的生活這事，本來就非同尋常，在東方華人世界背包精神剛剛掘起的年代，實在難於不引起別人的注意。「你就住在車上？」人們按捺不住心裡的好奇，向我發出探詢的口吻，納罕我是如何解決生活的行雲流水。比如說：洗澡、烹飪、禦寒、洗衣。官方上的回答：洗澡，可以到公共廁所；烹飪，就用藏在車裡的小煤氣爐；禦寒，睡在棉被或禦寒睡袋裡；洗衣，就到洗衣店去。非正式的情形：洗澡，常常在冬天，公共廁所只有冷水，與其當頭澆下，倒不如忍受蟎蟲在身上啃咬；所以我只敢抹身，而且並不是每一個城市都有公共廁所。我曾經在超市廁所，因為貪圖熱水待在裡頭洗澡而招來了值勤的工人叩門，事後還淡定從容地從他們面前走出來。烹飪，很多時候，煤

氣因為天氣過冷而點不上火，我只好買麵包充饑，有時候公園裡有免費的燒烤設施，也常常是我光顧的地方。洗衣，我很少去洗衣店，都是看見路邊有篷篷頭，就扭開水，把衣物泡在水下抽打搓洗。禦寒，我認識的一位香港朋友對我百般揶揄，總以為我定會在冬天凍死在車上，其實只要有一個溫暖的睡袋，睡在車上是行的通的。既然我是一個離經叛道之士，來到皇后鎮當然不能少了離經叛道的荒唐行徑。

皇后鎮的冰雪融化，冬天這裡驟然變成旅遊城。人人大汗淋漓，剛下山的樣子。我橫過馬路，一頭栽進了旅遊中心裡，不問住宿，只信手拈了一張地圖。那密密麻麻的小地圖，第一件閃過我的腦海的是教堂。我相信有宗教信仰的人一定不會見死不救。地圖的標示就像是一帖冬天解寒的暖湯。我對人性過於自信，我相信上天一定會派人來解救我。我依著標示，找到了一間教堂，我拼命搓揉這發冷的手腳，囁嚅著：「拜託你，可以讓我在教堂裡，過一夜嗎？」「不行。」那個看起來像神父模樣的人冰冷的回應，像一把利刃，直刺我軟弱無法負荷的心臟。神父漠然的表情，我至今都無法忘記。我垂頭喪氣地離開教堂，繼續尋找可以讓我安然度過的地方。公園，對了，公園！我想到一個月前，在北島，在一條公園幽徑，撞破偷偷露營的老年男子，彷彿是偷情被撞見的男人，臉色緋紅得有些可怕。

教堂後的靠湖水的湖濱公園正是我的落腳處。公園裡稀稀落落的人群，都是溜狗的當地人。學生模樣的情侶在跑步。我知道我一個背包客模樣的人在公園大剌剌地走來走去，勢必會引起注意，搞不好市政局的人突然來把我趕走也說不準。所以我走到將近湖邊，人煙稀少之處，就偏離正道。悄悄地把我的大背包藏在樹後，佯裝成一般在公園溜達的遊客，坐在正道小徑前的靠背椅上等待湖面的夕陽歸西，我想我低估了紐西蘭人的同情心。倘若我不藏起背包，任它重甸甸地壓在背上，在以一副乞求的眼神，像路人發出訊息，也許我就不會淪落到睡街這麼悲慘，何況是天寒地凍的冬天，以後的故事就會改寫。也許，我潛意識認為這是狀舉，不經一

傍晚走在皇后鎮的小步道散步，是非常愜意的。

番寒徹骨，焉得梅花撲鼻香。直到天色漸漸暗了下來，遠處閃著昏黃的燈光，我知道已無可避免。沒敢搭起帳篷，我害怕被發現而趕走，就只好在樹下，把睡袋攤開來，一把拉鍊把我的頭裹了起來。

睡袋就鋪在樹根上，根本是硬梆梆的，樹下又是石頭。我籍著僅有的月光和手機的光線一面打理睡袋，一面心裡禱告天不下雪，上帝應該會可憐我這無家可歸的旅人。還好，我的睡袋可耐寒零下二十度，才不至於凍僵。隔天一早，不會讓公園的管理員驚見一具失溫的凍屍。遠處隱約的狗吠聲，也許是狗聞到陌生人的味道。果然，狗和它的主人只是用錯愕的表情望著我，沒有多問幾聲，讓我感受到紐西蘭人的冷漠。整個平淡的夜晚，我就這樣睡睡醒醒度過，不是因為天氣過冷，而是硬石頭、硬草皮把我弄醒。

碾轉反覆，終於早上6點，我帶著佈滿血絲的眼，上路。感謝天，今晚沒下雪。離開皇后鎮的那個上午，我知道即將來臨的兩晚又是個難熬的夜晚，基督城。

<table>
<tr><td>1</td><td>2</td></tr>
<tr><td>3</td><td>4</td></tr>
</table>

1　正巧撞見了皇后鎮的冬日慶典。
2　彷彿來到日本。
3　零度酒吧。
4　皇后鎮大漢堡，和我的手一樣大。

1 我喜歡無人的海灘。
2 藍湖（Blue Pool）清澈堪藍的湖水。

1　高空腑瞰皇后鎮和傳説的瓦卡提普湖。
2　箭城（Arrowtown）不小心遇見了童話裡小精靈住的房子。
3　各種靈巧繽紛的軟糖。

23 皇后鎮的繃級跳經驗談

幾分鐘過去了，我像撒了氣的皮球，害怕逐漸消失，縱身一躍，
好不猶疑。從中我得到了一個啓示，不管做什麼事，裹足不前，
琢磨反覆，將不能成功。

　　我想起臺灣旅遊節目《世界正美麗》的鴨子，在高高的懸崖上，因
為害怕而哭喪著臉。導播仍沒有人性地不斷在旁起鬨和鼓吹，畫面過於煽
情而稍嫌作假，懷疑是臺灣綜藝節目為了收視率營造出來的節目效果，直
到我同樣站在同樣高度的懸崖，雙腳被一條大繩緊緊地拴著，腎上腺素直
線上升到了極點，才瞭解到它的可怕。

　　坐落於皇后鎮北部的卡瓦烏河谷（Kawarau）是全世界高空彈跳的發
源地，高度足足有四十三公尺之高。相傳從1988年至今因河流清澈見底，
水流純淨，河床深邃雋永，令許多國外或國內的旅客慕名而來。對紐西蘭
人民而言，高空彈跳是必然的成年禮，每一個年輕力壯的小夥子到了成
年，總要在腿上綁好了繩索，在高崖上縱聲一躍。這項極限運動又稱為繃
極跳或是笨豬跳，彷彿所有和紐西蘭有關的旅遊節目都會有它。每一個
到紐西蘭旅遊的人必定對它心癢難搔，即使沒有勇氣嘗試，也要遠遠的
觀望。

　　說真的，下定決心高空彈跳，我並沒有猶豫多久。在旅遊綜藝節目
的悉心推介後，醞釀於心良久。我幻想自己在跳躍那一刻到來以前，會如
何揣摩鴨子在高崖上的澎湃情緒，或許會上演害怕恐懼的落淚戲碼。來到
這裡以前，我的好奇心只能在夢裡一一實現，並在甦醒過後又得穿上西裝
領帶去上班時破滅。我以為我的幻想只能在年老退休之際，才能從蛹中掙

脫。誰又能想到此刻的我正在淘金小鎮克倫威爾吃早餐，離皇后鎮只有區區五十九公里的小鎮。夢中沒能實現的情形，驟然化為現實。車子在前往皇后鎮的途中不巧路過卡瓦烏高空彈跳之地，揀日不如撞日，乾脆今天就閉著眼睛跳吧。

是中午12點整，陽光正燦爛的把我的影子拉成一道長線。因為是冬天，寒氣令它傲氣盡失，竟沒有火燒火燎的觸覺。我在護欄前停駐，看著一幕幕勇者展開各種飛舞的姿勢筆直落下，像一隻展開翅膀撲向河流的海鳥，背著陽光，義無反顧。不到半柱香的功夫，我就走到櫃檯作出決定。

「現在還得等一小時！」

一小時，一小時的時間，就像一個世紀那麼長，它在瞬間電光火石地變幻成多少的想像，都是不祥和可怕的。比如萬一繩索突然負荷不了我的重量而繃一聲斷裂；比如驟然飛來了一隻大鳥當頭和我相撞；又比如萬一我還沒心理準備就被人推了下去。無數的假設走馬燈似地在我的腦門中旋轉，無疑地暗示我有多膽小。

一行人穿過了長廊步行到跳臺。正是不自覺地瑟瑟地發起抖來，也不知是過於害怕，還是天氣太冷，每個人的腳步是多麼的沉重。不，應該是只有我的腳步沉重。橫跨卡瓦烏河道上的跳臺其實是一道大橋，蕩漾著中古世紀的味道。橋的另一頭，正有無數雙眼睛正看好戲的心態觀望著。只見工作人員依照著人體重量編排順序。依照當時的情形，我只有四十五公斤，就排在一個小男孩之後。那小男孩跳了，在一陣歡呼聲之中，引來連遍的掌聲。工作人員引導我說話，她大概看出我心裡緊張的程度，渾然蓋過我急促的呼吸聲。我的雙腳此時已不斷地發抖，連工作人員不自覺地噤聲不語。她好像可以洞悉我的心裡狀態，一面把繩索嚴實地綁在我的腳上，一面出口的安慰。

人並非小鳥，因為擁有翅膀和飛翔的能力，而嚮往高處。高處不勝寒呀！當你站在高處，即使意志力堅定，跳意已決，大腦依然會否定你的從容。如果我有一面鏡子，此刻的我應該是臉色發白，青筋僵硬，宛如躲

在終年不見天日的殭屍，剛從地窖裡走了出來。如果人生可以倒帶，我想此刻說的話應該是語無倫次居多，彷彿宿醉的壯漢。

在箭弦上，進退維谷，只好硬著頭皮。

「三，二，一，Jump ！」

沒有脫泥帶水，一隻腳先伸在半空中，一隻腳邁步跟上。

瞬間，眼前景物消失，所有立體變成抽象。我忘了在夢中告誡自己揣摩鴨子在節目裡的心態，我忘了上演一場猶豫不決，跳與不跳之間的戲碼。也許果斷地跳下去，更何乎劇本的需求。我想像那一瞬間的美麗跳躍的身影被定格在一片感動之中。

呼呼的風聲在我耳邊貫穿，而正當我以為落水之際，腳下的彈弓般的大繩，把我抽離河面，盪鞦韆一樣的把我空中騰起，鐘擺一樣，亙古不變。感受從先前的恐懼幻化成雀躍，顯然的，如此淋漓盡致，達到了巔峰造極。所有的眼前畫面頓然迴轉成三百六十度U轉。

我終於明白，所謂成年禮的精髓意義在於哪裡。那是把過去，現在和未來，重新的規劃。當你縱身一躍，正意味著昨日種種已然昨日死，活在當下，和未來就在你手中。

▌ 強顏歡笑，在鏡頭前一覽無遺。

24 人生就像滑雪，跌倒了就要站起來

下雪了，一定是好日子嗎？
下雪了，不一定是好日子。
好日子，不一定是下雪天。
我所見到的，下雪天，都是好日子。
我所見到的，好日子，都是下雪天。

今天，我一大早就從車上爬了出來，因為我昨晚預定了兩堂初級滑雪課，分別在上午10點30分和下午2點，所以我必須早早到綠色蟾蜍滑雪店（Green Toad）去租賃滑雪外套、手套，還有褲子。沿著瓦卡提浦湖，緩緩地，我一邊漫步，一邊打哆嗦。這是全世界首屈一指的滑雪旅遊城，沒錯，這裡是皇后鎮，紐西蘭的滑雪城市。

紐西蘭的滑雪歷史可追溯至1860年，當時挪威籍的金礦工利用滑雪板滑到到奧塔哥（Otago）的礦場去。滑雪板純粹是一種交通工具。後來當登山活動逐漸成形，各路英雄開始對庫克山（Mt. Cook）這座南阿爾卑斯最高的山虎視眈眈。迪克森（Dixon），曼特靈（Mannering）和伊夫（Fyfe）是首數位使用滑雪板在庫克山上滑雪的人，但他們並不成功，直到1894年的耶誕節，喬治‧格拉漢姆（George Graham），湯姆‧法伊夫（Tom Fyfe）和傑克‧克拉（Jack Clarke）成功地從庫克山上滑了下來，從此篤定了滑雪運動的基礎。

　　柯洛奈特山滑雪場（Coronet Peak）位於紐西蘭柯洛奈特山。在柯洛奈特山展開的滑雪場，可以望見利馬卡布林斯山（Remarkables）。走進場裡，設備也非常齊全，有露天的咖啡廳和餐廳，販賣美式熱狗和墨西哥美食玉米餅（Tacos）和烤餅（Quesadillas），是國內惟一的夜間滑雪場，氣派豪華。當我走進雪場，有種走入菜市場的錯覺，人山人海的場面。

　　第一堂滑雪課，我們學如何使用滑雪工具，如何穿滑雪鞋，如何不用手穿滑雪板，向上八字行走等。教練是位年輕帥哥，只見他俐落地就把滑雪板穿上，真讓我們幾個學員目瞪口呆。輪到我們時，就不是那麼容易了。我費盡力氣才把滑雪板穿上，先學單腳平地滑雪。教練示範，我們三個學徒就依樣畫胡蘆，就這樣，我們學了雙腳平地滑雪，如何不受傷地摔跤，如何八字向上行走等。我是學員資質最平庸的那位，教練常說我太緊張了，明明已學會八字行走，但因為太害怕摔跤，往往亂了方寸，太害怕便忘了該做什麼。

　　比如說要向上行走，滑雪板就要呈外八字形，用內刃卡住雪面，以防滑動。抬起右腳，再用邊刃擋住雪面，再抬左腳移動另一隻滑雪板，以此反覆交替，就可向上移動。說起來容易，做起來就難了。常常，我腿力不足，要抬起長長的滑雪板，偶爾會勾倒右腳的雪板，整個人就不平衡地跌個四腳朝天，窘迫的緊。

　　最安慰的是每當你跌倒，就會有工作人員把你扶你起來，然後「很好，你做得很好」之類的話語不絕於耳，就是要讓你恢復自信。如果當我們在人生的道路上，跌倒了，會有人扶你一把，不再揶揄或嘲笑你當初的選擇，是件難能可貴的事呀！

　　我們折騰了整個上午，下午由另一個教練接手。這時候，我乘機同我的雪友談天，錯愕地發現同我一同上初級課的六十多歲的紐西蘭人居然不曾滑雪，有點暴殄天物了。生長在亞熱帶的我們有可能一生就只有一次的滑雪機會呢！下午，我們學下坡止步，轉彎的技巧。要止步，就要把

板尾向外開叉，教練讓我們在稍微傾斜的山坡試試，爾後，便喚我們乘搭吊車向山上去，開始我們的初次山坡向下滑跑。其實，我有點恐懼。初跑下來，我不斷使力地把板尾向外開叉，卻不得要領，在半途便摔了下來，反覆練習了好多回，才漸漸掌握了技巧。其實滑雪就是越練越熟練，教練只能教你技巧，你必須自己通過練習和琢磨，找出自己的方法去掌握。

我在滑雪課過後，嘗試五六次的山坡向下滑跑。最後漸漸熟練，可惜時間已到了傍晚，我沒買晚上的雪票，只好無奈的和柯洛奈特山滑雪場說再見了。可以想像晚上的柯洛奈特山滑雪場燈火通明的壯觀場面，卻無緣了。

▍至今仍對滑雪，心有餘悸。

1　滑雪場往下望去的美景。
2　人山人海。

Chapter 3

回歸心靈的放牧

外在的旅遊，不夠深度且令人疲憊，
旅遊的最後終會回到內心。

25 密福爾峽灣（Milford Sound）
——想像和真實的矛盾

> 自以為的真實，往往只是想像而已，須知人本來就不同，
> 彼的真實乃是俺之想像。然而，人之不同，故能令生活更火色生香，
> 宛如一盤菜肴，混著多種菜類，更美味。

　　造訪密福爾峽灣是對書上、報紙上、明信片和朋友耳濡目染的見證。那個被名作家吉普林（Rudyard Kipling）特別點名欽指為世界第八大美景的地方，那個傳說中的電影人，藝術家和作家絞盡腦汁仍無法付諸於文字和繪圖的地方，那個榮登2008年世界最受歡迎的旅遊景點，那個充斥紐西蘭各種旅遊書封面，沿街兜售的明信片上氣勢峭然的法冠峰（Mitre Peak），光是用想，就覺得盛情難卻，悠然神往。

　　即使已經下午3點在南半球夕陽倦容怠怠之下，我兀自駕著一輛休旅車打算抱著隨意而安的態度沿著婉蜒的全長一百二十一公里的山路從蒂阿瑙（Te Anau）出發。那天氣溫有點低，口中呼的一口白煙，但蒂阿瑙的旅遊中心溫馨提醒當天的路況良好，無需任何雪鏈，和一個月前朋友口中提起因天氣欠佳，滿路積雪而無法成行，煞是扼腕的情形大相迴異。

　　接下來的整整十個小時，我驟然跳進了吉普林筆下的美景旋渦之中。路的兩旁先是茂密葳蕤的濃林，蒂阿瑙小鎮的喧囂瞬間被阻絕在車程之後，一如車後揚長而起的灰塵，而茂密的松林因為長年多雨而美麗得如此必然。那青蔥樹葉，如一縷青絲般漂亮，樹枝拱托著樹葉，呈現出眼耳鼻喉人型，乍看之下，像山中的小精靈般。只是區區幾分鐘，我就被此景所俘虜，在心裡蓋下了一枚深深的印章。

　　入夜前，我佇立在欄杆前，瞻仰鏡湖（Mirror Lake）風光。湖面碧澄澈藍，光滑得像一面明鏡，故為鏡湖。是夜，雁鳥點水，枝丫交錯，雁聲啁啾，立於湖心，宛若雕像；只可惜，形單影隻，此景惆悵，大概只我能解此鳥之愁，同是天涯淪落鳥和人吶。

　　次日，我在天亮之際，繼續昨日未完的旅程。縱使還是清晨時分，已經陸陸續續有一輛又一輛的車子同我擦肩而過，車上多是黃頭髮藍眼睛的老外。我們在微風中相視而笑，彷彿都很慶幸自己很快地就可以揭開在媒體競相報導密福爾峽灣的面紗，那感覺是多麼的微妙，是能求證了我們心裡對它的想像而感到雀躍。

　　整趟路程在穿過荷馬隧道（Homer Tunnel）過後進入了高潮，地勢驀地下墜六百九十公尺，一如我在夢中墜入深淵般急遽。我不得不放慢車速前進，陡峭的山壁，光禿禿地有如月球表面。即使已經有足夠的心理準備，我還是被映入眼簾的景致倒抽了一口氣。來到卡列多山谷（Cleddau Valley），看著奇形怪狀的石頭林立滿坑滿谷，我心裡暗忖是誰有這樣的閒情給大石開了玩笑，是誰如此大膽細膩，為大石上了色。思忖間，密福爾峽灣海岸到了。這裡是世外挑園，它瞬間印證了我的想像，那些從旅遊書和明信片東拼西湊抽絲剝繭的印象，驟然和現實接軌，誰不感到興奮呢？

　　我緩步走上大船，甲板上人潮已經洶湧，可惜天氣變得陰陰沉沉，所有的畫面如披上一層簾子，濾除陽光。我站在甲板上對這海中央的法冠峰和鮑恩夫人瀑布（Lady Bowen Falls），發出驚歎之聲，試圖囫圇吞棗的將密福爾峽灣的歷史景觀剖析下肚。原來早在西元兩萬年前，大地氣候暖化，冰川開始融化。山壁上褶皺深淺的紋理，是冰川融化刮蝕後留下的，形成了美麗的大自然景觀。船夫把船開在在江中，讓遊人瀏覽江畔高聳入雲的懸崖峭壁，有種兩岸猿聲啼不住，輕舟已過萬重山的意境。正巧昨夜迎來一場霏霏細雨，山上積水如銀絲傾泄而下，偶然幾株蒼勁的雪松在山壁間鑽出，搖搖欲墜，卻能獨當一面。我們在山下頷首，震撼於雪松的堅韌的生命力。這裡動輒就是上萬道的瀑布，特別在雨季過後，崖上的大

樹，少說都有千來株，棵棵成天都得面臨風吹雨打而屹立不倒。我納罕這樣的毅力還能延續多久。

我後來離開了密福爾之後，在異地遇見幾個大馬和中國籍到訪過密福爾峽灣的朋友。他們的評語措辭平淡異常，和我那澎湃洶湧的情緒，大相徑庭。「沒什麼，和中國雲南麗江沒分別。」語言平常到家，我不得不正視自己的審美觀是否被媒體左右，媒體是否消費我們身為旅人的價值觀和旅遊觀，我們是否因為媒體的渲染而非去不可。我舉目四顧，身周處處遊客。他們是否和我一樣，因為媒體的一語就能戳破的謊言而令探訪密爾福蔚然成風，令那些錯過之士拍胸頓足大喊惋惜，令那些有幸造訪之士洋洋得意。我為這樣的趨之若鶩而感到汗顏，無法稀釋自己竟流於俗套而跟上了風潮。

旅途的最後，船夫把我們帶進了峽灣的盡頭，那個叫海狗岬（Seal Point）的地方。成群成群的海狗悠閒匍匐在大石上曬太陽，供遊人喀擦喀擦地拍照觀賞。這些海狗像一群專業的演員，知道什麼時候遊船將定時出現，它們搔首弄姿，嬉鬧作樂，每天上演作假的戲碼而不覺得累。我懷疑它們被訓練，我懷疑它們就是餌，引人上鉤。此刻的我，心中自相矛盾，五味雜陳，根本無法分析所有真真假假海市蜃樓的真相。由於靠近大海而風勢海浪如大刀闊斧，我不覺暈船症隱隱約約，胃脹風，頭金星亂冒，後腦痠麻，吃下的食物反胃。我只能按捺胸口的苦悶，以迅雷之勢庸俗地看圖說故事，然後奔進船艙裡大口大口歇氣。

回程的路途上，我突然為這樣的旅程感到釋懷。我固然無法苟同媒體的角色扮演而賦予密福爾峽灣神話般崇高無尚的地位，但是它在每一個旅人的心裡必定留下深刻而迥異的漣漪，就如泰姬陵於泰戈爾，巴黎於海明威，香港於張愛玲，密福爾灣於吉普林，感受如此不同，非空穴來風。對於密爾福峽灣，我覺得最美的地方不是法冠峰、不是鮑恩夫人瀑布，而是那條通往海岸的公路，永生難忘。

我靜靜地坐在蒂阿瑙的咖啡廳，赫然為了能治癒自己的怪談而開心起來。

1	2
3	4

1　氣勢蛸然的法冠峰，蒙上一層白霧。
2　一條長長的江水通向大海，是我對密福爾峽灣的最佳形容。
3　整趟峽灣最令我著迷的反而是山中的樹，長滿青苔的樹。
4　野生的老鷹，一點也不怕人，正把玩我的車子。

1　黃色的焦草，被冬雪蹂躪，冬天後，它們活了起來，堅韌刻苦的生命力。
2　鮑恩夫人瀑布。
3　水注傾瀉而下。

1 朦朧。

2 駛入雪中。

26 南地公路之旅（Southern Scenic Route）——大自然的腹地

經歷那條冗長曲折大道之旅，就如喝了一瓶上等的威士忌，
香醇，華美，厚實，把心裡最真實的一面點燃了出來。
這樣的旅行，不在乎看過的風景美好，而是內心個性的全然解放。
我特別愛上這趟公路之旅，原因無它，大概是它的寧靜無人，
從而令人向內探索，著實是一場心靈孤旅。

　　關於南地海洋公路之旅的敘述，網路上乏善可陳。旅遊中心並未將之歸納為傳統旅遊路線，故而更顯得這裡的荒僻和神祕，就如披上面紗的印度女子，教人忍不住想一睹她的廬山真面目，所以當我置身皇后鎮，離南地公路只有咫尺之涯，一會兒就能揭開她的神祕紗，豈肯逆流北上？

　　南地（Southland）位於紐西蘭南部，是一片風景超凡脫俗的地方，曾在1861年自立為省，爾後，因經費問題而被吸納入奧塔哥一隅。儘管如此，來自蘇格蘭的居民仍為其南地人的身分引以為傲。貫穿南地的海洋公路，據說風景怡人，逆時針轉，始於西部的皇后鎮，止於東部的丹尼丁（Dunedin），途中幾處鄉間小鎮和觀景區為主要驛站，諸如霍羅高湖（Lake Hauroko）、圖塔拉千年樹林（Totara Tree）、卡特斯林（Catlins）等風景都叫人眼前為之一亮。

　　我選擇一個陽光明媚的的冬晨，離開人聲鼎沸的皇后鎮，啟動南地公路之旅。不到一盞茶的光景，人煙霍地像拋進了外太空。山巒相連為屏，溪流涓涓滾流，草原輕狂自大，綿羊點點落落。心裡不覺生起天蒼

蒼，野茫茫，風吹草低見牛羊的意境。整趟路程由於公共交通未普及，顯得格外寧靜，心情隨著四處美麗的景觀而雀躍亢奮。

霍羅高湖是紐西蘭最深的大湖，穿過碎石鄉間小路一度令我誤以為迷了路，一改紐西蘭以旅遊業為主軸的島國，顯眼指路招牌猝然不見蹤影。我的焦窘未幾隨著路途的手寫招牌而瓦解，大概是當地農民對遊客的頻頻問路，不勝繁擾而在自家門前掛了告示充當了免費嚮導。抵達霍羅高是正午時間，一片黑黝黝深不見底的大湖徜徉山水天地之間，水面平靜得不見漣漪，湖邊幾株松樹恰是和它相依為命達幾世紀之久。眼前的一花一草都幾乎是從侏羅紀時代被遺留下來一樣，那麼原始和自然。我突發奇想，會不會湖裡住著水怪或是恐龍，須臾間冒出水面，把我一口銜走。

同樣因為過於寥無人氣而叫我印象幽冥的是圖塔拉千年樹林。拐入旁支泥路，也恍如進入百慕達三角洲穿越時空，路兩旁高低錯落幾戶民居，厚重房舍大門深鎖，久久未見一人，即使我由於迷路而叩門相詢，也只有幾隻小貓小狗在對我呼應，生命的氣息再隨這深林小路的到來而被吸入除塵器裡。像動畫片裡的場景，路畔根枝盤紮的榕樹，長了眸子耳朵，納罕那來的傻子擅闖禁地來虔誠瞻仰他們的老祖先。傻子找到他們的老祖先，表情瞠目結舌。約四人方能懷抱的臃腫老樹，以過來樹的身分鉅細靡遺地敘述千年南地的歷史文化。那厚實的樹桐年輪，就是歷史的見證。要不是蟲鳴鳥叫，我誤以為天地之間，只留下我一種生命體。天地之浩大，而我只是陽光裡飄浮的塵絮。

卡特林斯被譽為景觀最多變的道路，也是野生動物聚集地。那些矮墩墩的黃眼企鵝，那些懶洋洋的海狗海獅，那些童趣的小海豚，俯首即是。每一種野生動物的觀禮，都需付出昂貴的勞力代價，比如庫立歐灣（Curio Bay）夜觀企鵝，比如萬巴地海灘（Waipati Beach））窺見海狗海獅的兇猛，比如海豚灣（Porpoise Bay）觀看赫克特小海豚（Hector's Dolphin）的緣分。然而，多變的動物群卻無法媲美一路上見著的馬拿巴

樹（Macrocarpa），因為經年累月的被強風吹襲而腰身嚴重彎曲成背弓屈節狀。

　　我在這幾天和一個高挑的德國女人像龜兔賽跑般闖蕩南地公路的山海水陸之間，和大自然二合為一，無需為柴米油鹽而煩惱。偶然的相逢激起我們倆的相顧莞爾，似千里尋知音般，為咱倆獨具慧眼窺竊這片無人之境而額手稱慶。我幾乎在入夜以後，方才到達丹尼丁。感謝上天讓我有此機緣遊走於這充盈著自然景觀的腹地。

▌其實海獅很兇猛，切勿靠近。

1　布拉夫（Bluff）的鮑魚殼
　之家，現已轉往基督城。
2　南島最南端的指示牌。

1 庫立歐灣千萬年古林化石。
2 金塊點（Nugget Point）的浪吐出了泡沫，
　在礁石間穿梭，正近黃昏時分，天邊有些蒼
　灰。
3 天呀，是什麼力量讓大樹長成這樣？
4 拉卡圖濕地（Rakatu Wetlands），一片濕
　淋淋。
5 霍羅高湖，我不敢靠近，深怕黑樾樾的湖底
　冒出了水怪，一口把我叨走。

27 一顆石頭的啟示

我們的生活無時無刻都在成長，都在學習，
一顆石頭也可以是一本書，有智慧的你，才能領悟。

這天，如往常一樣，我駕著車往下一個目的地駛去。這回我的目的地是克利夫頓吊橋（Clifton Suspension Bridge）。漫長的南島南地公路，左邊是廣袤的草原，無人搭理的牛羊兀自吃草，右邊的也是遼闊的草叢，也是綿羊一堆堆地正優哉悠閒。它們的眼光深遂，看似不愛搭理人。其實只要稍微放慢車速，這美利奴綿羊（Merino），就警覺機伶地盯著你看。在過去就是海洋，太遠了，用肉眼望不著，偶而被風化的戈壁阻擋了視野。

一貫的西班牙歌、一貫的雀躍心情、一貫的風和日麗、一貫的濃濃的塵埃做為我臉上的粉底，卻被一顆石頭給擊垮。如往常一樣，當我駕著車，不知從哪來的石頭狠狠地擊中車前左邊的擋風鏡，只見砰地一響，擋風鏡就像蛛網擴張，慢慢地裂了開來。隱約的單人個影，好比切割後分化的蚯蚓，劃分為千千萬萬。我當下的反應是愣住了。

腦海閃過了問號，這石頭從何而來？絕不是天降。離路邊有好幾里的戈壁如此遙遠，也絕不可能。我猜想這石頭應該是被車輪輾過而從地上彈跳而起，呼的一聲，撞了上來。

天呀，我怎麼這麼倒楣！回顧我在紐西蘭打工度假的經歷，簡直是禍不單行。先是在全世界安全指數最高的國家痛失愛車、電腦等名貴物品。車子找回後，還得花昂貴的維修費把車修好，車子的開鎖處竟因為車零件公司未有相關配件而宕擱了維修，如今一顆石頭徹底地把我日後高價變賣車子的夢想掏空。

　　想到這裡，不禁悲從中來，放聲大哭。哭了一會兒，覺得還是該解決問題。腦海中各種想法亂轉。離回國僅剩一個月，銀行的盤纏所剩不多，若是花在維修一面擋風鏡，顯得有些浪費金錢和時間。也就在那一瞬間，我生起了視若無睹的想法。

　　一顆石頭把擋風鏡敲破了，在人們眼中是倒楣事，因為我主觀地認定這是一件倒楣事件，故而感到傷心落寞，然而這世間本來就是好事壞事一籮籮，何不正面思考呢？

　　擋風鏡是破了，那有什麼？我應該感到幸運，而不是悲愴。這石頭只有巴掌大，所以鏡片並沒有爆碎，我並沒有受傷。倘若，石頭如我的頭顱一般大小，可能此刻我已經血濺四溢。此外，石頭只把我副駕駛座前的鏡片震碎，所幸不是駕駛座前的鏡片。這不妨礙駕駛。除了會引來路人好奇的眼光外，大概也沒什麼。何必為它勞神傷肺呢？

　　想通後，心情大為疏暢，宛如滔滔江水沖過了藩籬，氣氛豁然開朗了起來。我開心地哼著歌。一顆石頭改變了我對人生的態度，應當慶幸。

▌奧碼魯（Oamaru）老
　街坊的人來人往。

28 在一個下午4點入夜的 城市中說話

冬天時，這城市下午4點就入夜，我突然很想說話，
說我在這城裡的點點滴滴。

　　8月的天氣慵懶地伸出尾巴。我來到印威喀吉（Invercargill）待了不久，屈指一算，只有短短的五天，卻有種住在這裡五年的感覺。氣溫已經回暖，我曉得冬天已經打包好行囊，準備離去，但是仍然固執的期望能下一場大雪。我覺得大雪應該會讓這個蘇格蘭之城，更加美麗。可惜，我終究等不到大雪。我以為大雪將來，其實更合乎需求。這裡的人生活在安靜的世界，當然少不了車聲人聲。所謂安靜，那是心靈上的一種天人合一，無關喧騷。那是因為它屬於南方。

　　我並沒有常常在街上亂逛，倒是圖書館、教堂、超市中遊走，在人生百態中以旁觀者的方式流覽這座城。那日，我在城裡的小咖啡廳歇坐，靜靜注視騎樓下行徑的路人，他們是如此的神色匆匆，彷彿所有的事情都不容延宕。咖啡的煙氣偶然地模糊了我的視線，正好在公園大街閒逛了一個早晨，背脊痠痛如麻，還好有濃郁的咖啡作伴，不致於生悶，但是我卻樂得悶悶地坐著。騎樓下的人們在各自車水馬龍的生活中，醞釀自己的人生故事。對街弄堂裡的少婦，總是衣袂繽紛地攬著橘色小包包上街去。今早卻稍遲了些出門，聽說家裡出事了。她濃妝豔抹的臉上，免不了哀怨滿布。往常在街上彈口風琴的傢伙，今早如被趕奔葬一樣，吹彈起怨懟悲哀的樂曲，餘音不絕繚繞於耳。吹者無意，聽者有心，不免聯想起那濃妝婦和這街頭藝人關係非淺。騎樓的另一邊，風衣瑟瑟的一群女孩穿著蘇格蘭

長裙，追隨著陽光下的影子上學去。她們說話的音調如此清脆，像小鳥吱吱地叫著。通常，我對城市喧騷的噪音，唯恐避之不及，如今卻有些迷上這樣的聲音。也許這聲音能令我緊繃的情緒舒緩，宛如緞帶潰散開來。過去，我因為在城市生活，所以對於高樓街市多半會有莫名的嫌惡，不料來到這陌生的城裡，竟有親切的感受，那是長期對大自然的溝通過後的心靈彌補的反應吧。好吧，或許應該說我所以為的城市大都車水月流成河，高樓並排佇立，人人冷若冰霜，誰會想在這南緯四十六度四十一分，東經一百六十八度三十五分的城裡找到了這樣充滿笑容的人。

來這裡旅遊的第二日，竟彷彿洞悉這城市人的生活節奏，不免啞然失笑。這城市就是優雅得有些可愛。如果說威靈頓是一座氣勢磅薄的交響音樂，那這座城就顯得迷你親切許多了，它是一首獨奏的薩克斯風，時而委婉有力，時而溫柔淡雅。一日午後，以博物館為中心的小鎮，突然匯聚了許多遊人。我正在博物館的後花園悠哉閒逛。廣大的後花園栽滿了次南極區的稀有植物，都是些矮小的甘草或蕨類。突然間，有一股奇妙惆悵的感覺。傾刻間，憂鬱症像傳染病一般蔓延開來。每一個在漫步的遊人不曉得為了什麼而顯得憂鬱。不到五秒鐘，迅雷不及掩耳之勢，雨就花啦啦地落了下來。

我頂著小雨穿越花園，耳邊都是蛙鳴和鳥啼，邁開步子。我幾乎用跑的方式闖進了博物館。博物館以透明的金字塔為建築模型和安靜得不可思議的後花園相比，這裡人影綽綽，人聲呼吸聲都清晰可聞。方踏入館中，雨水便綿密了起來，我為自己未弄濕的圍脖和帽子額手稱慶。館中細微分成幾樓展區。其中次南極區頗為有趣，沒有船隻，沒有飛機，無須抵禦寒氣，咱們飛往幾千裡外的奧克蘭群島，賞斯內斯群島（Snares Islands），邦提群島（Bounty Islands），安提波德斯群島（Antipodes Islands），奧克蘭群島（Auckland Islands）和坎貝爾島（Campbell Island）等地，感同聲受地體驗探險家的經歷。幾乎在每一個城市都有一座博物館，在這小小的島國上，人們的精神層次似乎不局限於物質上的需求，人

文文化傳統，乃至於藝術生活都是島國人的精神宗旨。相對的，在這個小城裡，因為城裡的人不無所求，因為沒有被世界大國所注目，故而人們更能隨心所欲地做著自己喜歡的事。那是多麼可貴的事呀，也由於這樣，人們的藝術涵養相對的提高。這點可從當地美術館裡的各類陶瓷藝術的展出瞥見了端倪。

我覺得藝術在這小城上像晨早的陽光一樣，悄悄地潛入印威喀吉人的文明世界裡。它如同世紀魔咒，緊箍了這座城市，不矯情卻應景的。藝術和文明相互協調地生活著。

社團的人說我應當去見見班傑明老先生。他是一個喜歡中國文化的人。他們誤解我是來自龍的生長地。我也樂得不解釋，反正我只是個過客，局外人又何必攪局。有緣無緣，那是冥冥註定，說不準那天我會在城裡的圖書館和他相遇。

果然在圖書館裡瞥見了愛中文書的人。我非常肯定那不是班傑明老先生。在教堂社團裡繪聲繪影描述班老先生的形象是這樣的：高鼻藍眼，虎背熊腰，眉宇間有股英姿煥發的神氣。可惜在這樣的臉上有著不合適宜的雙眼皮，嘴唇厚實，下唇又比上唇厚些，下巴方，兩撮鬍子如此英猛，高高的個子。每日早晨，他常在圖書館裡閱報，都是身著皮黑色寬線條圓領大衣。那一日見到窗臺邊昏黃燈光下坐著一個老人，手攬這一本中文書，高架著茶色眼鏡，我沒敢上前打招呼。他們說今早的教會禮拜，老先生無故缺席，不然他一定很開心見到你。對於這樣的熱情，我常覺得我何得何能，竟承受他人榮寵厚愛。如此盛情，常常對島國人有種過分熱情而發愣。這世上想必有這樣一個地方，你會生起溫存的念想。而在我心裡，那是非這小城莫屬了。

下午4點入夜了以後，市中心的店面開始結束一天的營業，我在一家超市草草買了當天的晚餐，簡單的香腸培根吐司。我就是這樣，這樣頹廢地過著在這裡的生活。然後，我在公園的草地上席地而坐，一面吃著晚

餐,一面享受四下聲音的相
互輝映。微風中穿插了鴿子
的叫聲、父母帶著孩子回家
的歡笑聲、車聲和遠處酒吧
餐廳的邀酒聲,以及店家播
放的輕音樂。在這樣和平的
夜晚,我忽然感到孤單,很
想說說話,那種迫切想把心
裡感受說出來的欲望,最後
躍然於紙上。我曉得所有在
旅遊中的感動,應當轉換為
文字。事過境遷後,我將不
會淡忘那段出走的記憶。

▌ 路的正中央有個小小鐘樓,每天準時報時,它像印威喀
吉的日記本,記錄行色匆匆人們的生活點滴,若干年
後,風雨不改。

<table>
<tr><td>1</td><td>2</td></tr>
<tr><td>3</td><td>4</td></tr>
</table>

1 雖然沒有丹尼丁的蘇格蘭之城的美譽，印威喀吉仍有許多美麗的蘇格蘭混合毛利風格的建築物，如圖中的教堂。

2 街邊一把大洋傘，蘇格蘭風濃厚，春天來臨的早晨，好不愜意。

3 春天來了，印威喀吉的地標，一片春意盎然。

4 陰霾聚籠在天邊，似濃霧，還好沒有下雨，天光從雲邊閃下，高高的金字塔，是南地博物館，我想看看鱷蜥。

29 司徒華島（Stewart Island）── 艾克夢幻小房舍（Lewis Acker's Stone House）

好久好久以前，我就想要去那裡，紐西蘭最南端的島嶼。
我遺憾自己未曾好好細細品琢這美麗的日出島嶼。

　　你其實很孝順，你其實不想忤逆你的爸爸，但是你愛上海。你很小很小的時候就希望能乘風破浪，到各國去流浪，就像我們一樣，能用自己的腳步看世界。冀望征服海的決心讓你不得不頂撞你的父親。你看著父親的鶴髮童顏，忍不住悄悄拭去眼淚。你的父親只能由著你，放任你，因為他相信海可以駑駑你那顆桀驁不馴的心。終有一天，你會回家，你會收了心繼承家業，繼承家裡的大莊園。他並不知道這是一個不歸路，如果他知道，他一定不會縱容你。於是，你並沒有帶好多家當。在那個時代，金錢其實並不重要，重要的是一技之長。你毋須擔心，因為你會航海，這是你的防身術。你不知道這一別會多久，但是你把心一橫，咬咬牙。你堅持下去。那一年，你只有16歲，從北半球的美國穿過浩瀚汪洋到距家裡幾千萬裡外的南半球這一個島國來。

　　你在這裡經商，長期貿易，算是有一番成就。有一回，你留在布拉夫（Bluff），被一位仁兄殷勤招待。他們用小提琴演奏，並熱烈歡迎你們。你很感動，擤一擤鼻涕。入夜後，你和你的船員，乘船在臨近的海域探索，不幸的是，你們失去了方向，最終，只好擱淺到一座無名的小島上，那就是今天的司徒華島。你在這裡安居樂業起來，你其實想念遠在另一方的父母，但是你終究不能回去，這讓你有點愧疚。每當你想念父母，你老會坐在海岸望著天邊一輪皎潔的大圓月，想像著你的父母也會望著同一顆圓月，想念著你。那一刹那，你覺得如此的溫馨和幸福。

於是，你決心要以你年輕的你住家模型，建造一間石屋，一間可以彌補你思鄉情誼的石屋。你不惜千里迢迢到亞格河（Jacobs River）開採石頭，運回這裡。你建造了這間簡陋卻五臟俱全的小房舍。你所建造的小房舍在這窮鄉僻壤引起一陣騷動，其他的人或多或少都會對你投於豔羨或嫉妒的眼神。

生活其實越來越拮据。所幸，你在這時候學會了造船，除了為島上的毛利人造船，你也為紐西蘭內陸的客戶造船。這時，你認識你的妻子，瑪麗（Mary）。她是你在奧塔哥的客戶，是一個風姿綽約的女人，年紀和你不相上下。因為你堅持要親自把船隻送去，你才會見到瑪麗。緣分是很奇妙的東西，你們很快就墜入愛河，並在那間老房舍舉行第一次毛利人儀式的婚禮。瑪麗心甘情願地和你共享貧賤福貴。她放棄城市生活，擔當起相夫教子的重責大任。承歡膝下，你有九個兒女，你們全擠在這間小房舍。你沒有告訴兒女為何你不想搬走，因為這間小房舍承載了多少過去的幸酸與歲月呀，還有對你父親的回憶。你終究沒有捎封信回家，緣於你的汗顏與無奈。想來你的父親在你十六歲那年就當死去了你這個孩子，你想到這裡不覺就老淚縱橫了。

你看見鏡中的自己已經是孤單風燭殘年的佝僂老人，精神萎靡，形銷骨削，連走起路來都蹣跚不穩。你知道你即將死去，以七十歲高齡壽終正寢，應該沒什麼遺憾了。不，應該說，你不應該有遺憾。你知道嗎？你死後，你那間老房舍被森林局保留了下來。你家附近的土地都以你的名字命名為艾克角（Ackers Point）。你是司徒華島民家喻戶曉的名字，永垂不朽的名字，就連我這生長在三個世紀以後的後輩也千里迢迢瞻仰你老房舍的遺容。

歲月荏苒，你家老房舍現在看起來保養得很好，再多活一百年都不是問題，勿掛心。你家附近的艾克角，是藍企鵝和灰水薙的天堂。我想你不可能不知道，它們在你那個時代就盤踞艾克角的懸崖峭壁。入夜以後，三五成群的藍企鵝就踽踽地走上岸來。夏季時，藍企鵝更不愁寂寥了，灰

水薙歸巢了，它們和藍企鵝作伴，就在燈塔下築巢呢！你吃過他們的肉嗎？聽說，偶爾南海旅館（South Sea Hotel），會把它們搬上佳餚。我躍躍欲試，卻被南海旅館的師傅宣稱沒肉了，還好最後我在布拉夫吃了俗稱羊肉鳥的肉類，肉汁鮮嫩可口，就如羊肉一般，難怪就喚羊肉鳥了。昂首望著你遺留在人間的唯一的老房舍，不勝欷歔。

超過三個世紀的艾克石屋，至今屹立不倒。

石屋的主人。

30 醉意流淌

這世上沒有不好喝的酒，只有不懂酒的人。能喝到好酒是一種緣分。
我總相信每個人都可以喝到對口的酒，
就如每一個人都會遇見命中註定的另一半。
我在尋找這樣的酒，在這嗜酒如命的國度裡。

　　我喜歡喝酒，當我來到紐西蘭這個國度，我更喜歡喝酒。我喜歡葡萄酒和啤酒，而紐西蘭盛產葡萄酒和啤酒，正中下懷。在紐西蘭的葡萄酒之中，我特別喜歡蘇維翁白酒（Sauvignon Blanc）和黑皮諾（Pinot Noir）。前者味道酸苦，喝上一口必會令你回味無窮。後者則是味道甜膩，但並不討人厭。北坎特柏利（Canterbury）的威帕拉（Waipara）是紐西蘭著名的黑皮諾釀酒區。想像著青山聳立在葡萄園上方，冷冽的河流淘淘流曳，藍天白雲飄浮在天際線，那是多麼快樂呀！

　　比起葡萄酒，我更喜歡啤酒，主要是他貼進小農小民的個性，撇開了造作高貴幽雅的虛偽氣質，和我更對味了。紐西蘭有兩大啤酒廠——史倍茨啤酒廠（Speight's Brewery）和莫特斯啤酒廠（Monteith's Brewery）。前者座落於蘇格蘭之城丹尼丁，後者則在格雷茅斯。我兩間啤酒廠都去過，但是我比較喜歡史倍茨啤酒廠。

　　這是一場難忘的品酒經驗，之所以難忘，並不是酒很好喝，或是蒸餾廠好看，或是講解員很甜美，而是我從進廠到出廠，都是像孕婦一樣，吐個不停。我忘了我訂了今天的品酒加參觀酒廠的行程。我中午竟去吃了自助餐。十二塊紐幣吃到飽的自助餐，合理的價錢，公道的價錢。誰叫我昨天偏揀這條小路回家，看見了大大吸引人的招牌，看見五光十色的食物照片，中式、西式、印度、日式都有，叫人垂涎三尺。我被美食沖昏了

頭，今天午餐時光，就形單影隻地來吃飯。狂餓多天，「節儉」的我，一定不會放過任何美食的機會。繳了十二塊紐幣，當然要吃回本，任何一種食物都不放過。

故而，你可以想像，我是多麼物盡其歡。先是中式，各種炒飯、炒菜、炒海鮮，再下來是意式，有海鮮義大利麵，紅酒義大利麵等，再下來是印度，各種各樣北印度咖哩，如牛肉、羊肉、雞肉、豬肉咖哩，再下來是紐式燒烤，或西餐，如烤羊排、牛排、雞排，最後是甜品，雪糕、布丁、起司蛋糕。我盡情地吃，吃得肚子漲鼓鼓的，食物在胃囊疊高，竄上食道，到口，是所有的難受都不能企及。我頓時瞭解了孔子所提倡的中庸之道。我撐起了大鼓鼓的肚腩，準備回家之際，霍然省悟我昨夜預定的行程。

下午兩點整，我還是到了酒廠參觀。史倍茨啤酒廠已經有一百三十八年的歷史。1876年，創建人詹姆斯・斯佩特（James Speight），查理斯格・林斯萊德（Charles Greenslade）和威廉・森（William Dawson）在丹尼丁拉特雷聖道（Rattray Street）建了一家釀酒廠。從那時候開始，史倍茨啤酒就牢牢俘虜了紐西蘭人的心。1880年，史倍茨啤酒在澳洲墨爾本美酒展覽上，榮獲兩面金牌。這無形增強了詹姆斯・斯佩特的自信，而開始投入大量生產。沒有人相信在這塊平脊的土地上能闖造出美酒，而他卻做到了。基本上，酒廠的成功應當歸咎為乾淨新鮮的泉水，丹尼丁的工廠地下泉水甜美，用其釀造的酒，當然醇郁異常，後勁十足。而史倍茨的貝殼杉發酵釀酒技術更是世間少有。這項開放突破，卻能把祖傳的酒譜口味調配得對味和絲絲入扣。無疑的，這間酒廠是成功。今天，史倍茨成為紐國最大的釀酒廠，出口到澳大利亞、斐濟、大溪地和世界各地。

一間酒廠最重要的靈魂人物是調酒師。倘若把調酒師比喻成畫家，那麼他就是對顏色有非常敏銳的分辨能力；若他是一位音樂家，那麼他就是能把交響曲演奏得非常和諧。我一直對酒有很深的情結，覺得酒藏越久越香醇，越能深入我心。

　　導遊把我們領進了酒窖。一揚手，門就打開。我們得低下頭走了進去。冷意沁上了身周，令我們打了寒顫。我們看見了一排排的酒桶綿延著，大小不一，年代都很久遠，彷彿在我老祖宗的時代就生成。我暗想，他們是有生命的嗎？如果物體是有記憶力，那麼這躲在酒窖裡的陳年酒，就是目睹史倍茨啤酒如何經過歲月禮的最好見證。

　　旅遊的最後，是胃難受到了最顛峰的境界。我們被引進了品酒室，有一長櫃檯。櫃檯上連著酒器，長長的酒口。侍者就站在櫃檯前，年紀很輕，大約只有25到30歲。另一個年紀較長的男子站在侍者旁，大概是廠長。他聲音洪亮地介紹各種口感的啤酒，包括講解它的氣味、由來、顏色等，然後侍者就把眼前的酒杯斟滿，有點像斟滿瓊漿玉液。我們每人各有十五杯酒品嘗，好酒人士如我，節儉人士如我，豈能錯過？酒沿著食道的食物縫隙，流進胃裡。若意志力不夠堅強，大概已經崩盤。一回回地把酒品咽，咽下。臉上滿布愁苦之壯。酒過三巡，每人臉上都現出緋紅，好不可笑。喝完酒，我立身離開，滿臉都是痛苦。旅遊本是開開心心，卻因為自己的大胃而掃興，真是不值呀！

1	2	3
	4	

1　史倍茨啤酒廠創辦人詹姆斯・斯佩特。
2　釀酒機。
3　品酒台。
4　一樽樽的酒杯，一字排開。

羅伯特‧伯恩斯（Robert Burns），蘇格蘭著名詩人，他的侄兒湯姆斯‧伯恩斯（Thomas Burns）是
丹尼丁的建城之父。

| 1 |
| 2 |

1　廣場中，有羅伯斯的肖像，左邊是聖保羅大教堂（St. Paul's Cathedral），右邊是市政議會廳。

2　奧塔哥大學（University of Otago）

1
2

1　拉納奇城堡（Larnach Castle）
　是一座擁有百年歷史的城堡，共
　耗費十四年建成。
2　丹尼丁著名的火車站──呈現維
　多利亞的建築風格。

1　夜遊蘭園，你絕對不會相信紐西蘭這片土地上竟然有中國公園。

2　吉尼斯世界紀錄（Guinness World Records）最斜的路──鮑德溫街（Baldwin Street）

31 夢想世界

〰〰〰〰〰〰〰〰〰〰〰〰〰〰

「走吧。」路易口中吐出了最後一口煙圈，把煙頭擤在沙中，
站了起來。「去哪？」我狐疑。
「去找我們的夢想。」
從那時起，我知道夢想可以離我們那麼近，我呼一口氣就碰到它。

「夢想是什麼？」

我問一個十九歲獨自旅遊的英國男子——路易（Louis）。他有一個
陶瓶一樣的面孔，性格有點溫吞，但有時候思想很跳躍，現在說不走，下
一秒鐘就說走了。一個隨著自己內心出發的人，這一點和我很像，難怪我
們很快地成為莫逆之交。

「夢想是對自己內心崇拜的現實投射。」路易胸有成竹。

「夢想是以為不會發生，卻發生了。」我接力棒。

「夢想就是現實的翻版，夢想和現實分不開。」路易是一個說話
狂，被我點燃了，就淘淘不絕，如江水。

「舉例？」

「比如旅遊就是夢想，我們以為很夢幻，卻發生了。發生的時候，
我才會知道並不容易，這又變成了現實。」這個例子太貼切了，我拍案叫
絕，心想一個隻在間隔年（Gap Year）出來旅遊的小夥子，竟然在短短的
旅行中省悟。

「那麼電影呢？」我隨口問。

「電影是夢工廠，製造夢和傳遞夢，是導演、編劇和演員的夢。戲
背後是現實的，沒有觀眾會看無從滿足他幻想的電影，最後電影製作都是
為了票房和錢。」他說話不會給人感覺絮絮叨叨的膩味，論調合宜，宛如

魔術方塊在主人的撥弄下，奇蹟地調好了，正中我心裡的話。我想如果我是19歲女子，我應該會愛上他。

安德魯‧亞當森（Andrew Adamson）就是這樣一個夢幻的導演，勇於創造夢想，和實現夢想。小時候，他無意間讀到了一本奇幻書《納尼亞傳奇》（The Chronicles of Narnia），對書中的異次空間充滿了憧憬。就這樣，這本書伴著他度過他的童年時光。也許，他必須在每天晚上聽著母親說著故事的一段情節而睡著，也許他在人生的旅途中遇見了瓶頸，諸如，悲慟、哀傷、憤怒時，他都會捧起書來，仔細地閱讀，然後籍由書中的奇幻世界消弭自己內心澎湃的情緒。他認為每個人家裡都應該有一個魔衣櫥，在你最需要的時候，把你帶進第二個想像的世界，逃離上帝創造的天下。

光陰荏苒，長大以後的安德魯‧亞當森漸漸淡忘了當年的魔衣櫥，獅王阿斯蘭（Aslan）、小女孩露西（Lucy Pevensie）、蘇珊（Susan Pevensie）等。他像其他充滿朝氣的年輕人一樣，只想要一分安穩的繪測師工作。換句話說，生活將會安定，收入平穩，人生缺乏火花，然而上天早就安排了一條路讓他去。一場車禍剝奪了他入學的機會，而美國電影公司的聘請，為他人生寫下熠熠生輝的篇章。開始只不過是技術總監，累積電影經驗後，就牛刀小試執導電影《史瑞克》（Shrek），不料這部電影歷史性地奪得了奧斯卡（The Oscars）最佳動畫片獎。此後，人生平步青雲，片約不斷。

當一個人走到人生的最頂峰的時候，他總會想做一些令他難忘的事，尤其是當他可呼風喚雨的時候。也就在這時，露西在他的夢裡探出頭來，從一片寐寐之中。醒來以後，安德魯‧亞當森倏忽地做了一個決定，一個足於顛覆好萊塢電影史的決定，把這本奇幻小說搬上大銀幕。

為了令小說裡的人物活躍生動，他不惜耗費鉅資聘請獲得奧斯卡獎的幕後工作團隊，還遠赴故國紐西蘭實現夢想。到底，所有的努力付出都和收穫形成正比，彷彿抽中了「幸運籤」，票房賣得滿堂紅。

安德魯‧亞當森，因為他一個人的夢想，而締造了全世界孩童的夢想。我們就是為了他的夢想而來。我和路易乘著我的貨車，徐徐穿過青山綠水。路上風很凜冽，風啪啪地吹響車窗，索性揚起車窗，把我們的臉扭成畸形。路易在車上大展歌喉，哼起了後巷男孩（Backstreet Boy）的《每一位》（Everybody）。想不到他歌喉底蘊不錯，我也被他傳染而扯開嗓門。

和奧塔哥大學考古系精心合作，成立的丹唐（Duntroon）的消失世界中心，經費都由當地的考古愛好者贊助維持。在裡頭，有鯊魚、鯨魚、海豚、貝殼、企鵝、恐鳥（Moa）和無脊椎生物化石，和礦石，大小不一，顏色鮮明，都是離中心不遠的消失世界遺址獲得，從奧瑪魯（Oamaru）到懷塔基山谷（Waitaki Region）。

其中有一樁企鵝化石，叫我印象深刻。那是比皇帝企鵝還要高大的古企鵝，那是比人類還要巨大的巨形企鵝。這企鵝為何如此體型龐大？據說紐西蘭這塊土地上曾有過一種比人類還高大的鳥類，稱為恐鳥。如今已經滅絕。也許人類是動物的天敵。沒有人類，這世上就有很多各種野生物出沒或鳥類到處飛行。紐西蘭的生物史是特別奇怪的。全島不但沒有爬蟲類，而且鳥類種類繁多，詭異的是，無翼飛禽更是世上僅有。由於板塊活動，紐西蘭這片土地被狠狠的撕裂，脫離了澳洲大陸。幾百萬年過去以後，須臾間，海水上揚，波潮洶湧汨汨流入大陸，形成了獨特的自然景觀。現有的紐西蘭島蘊藏大量礁石，是大洪水浸淹剩餘的陸地。如此美妙的景觀，當然也會催生出千百種不同世上最稀有的生物，在這塊土地上繁衍著。

半晌，當我們惘惘地望著空靈娟秀的各色頑石匍匐在廣袤殘酷冰冷的沙漠地帶，心情是如此激動。如此乾巴巴，足見當年冰河融化和消解是如何乾淨俐落。這是消失世界遺址區。我和路易一離開消失世界中心，就循著地圖往前走。我比較好奇的是旅遊書上的大象岩（Elephant Rocks），因為那是安德魯‧亞當森指定的《納尼亞傳奇》拍攝現場。那是所有夢的根緣和所在，所以當我們親眼見到這片奇怪的地貌時，心裡是多麼地無法

克制。那些電影畫面瞬間和現實接軌，應證了路易說的話，現實和夢想只是一線之間，一腳就能跨過去了。

　　大象岩保護區，石灰岩怪石突兀嶙峋，乍看之下，就如親臨《納尼亞傳奇》的異次空間。眼前一晃，我瞅見了魔衣櫥，征尋路易意見。他的眼神意志堅定，哐啷一聲，大門開啟。再看了路易一眼以後，我就不再遲疑，就跨了進去。

　　一道金光疾射而出，瞬間把我們吞沒。

　　我們兩人在金光閃閃後，發現自己就坐在龍上。它雙腳都是蹼，背上長著鰭。也不知是水中還是岸上的龍。但這龍在飛，我們朝白女巫賈迪絲（Jadis）的巢穴飛去。應當是奉獅王阿斯蘭之命，直搗黃龍。

　　大象岩保護區幾百萬年前，是一片汪洋。水裡都是活著的生物，有海豹，有海狗，有鯨魚，有海豚，有貝類。日落星移，如今水位降低，海水變成遼闊的沙漠，所有生命變成化石。我頓時想起瓊瑤小說裡的望夫石，等著等著，等成了石頭。

　　這水裡應該有一隻美人魚，等著岸上的丈夫回來，而化成石頭吧？我努力地在遍地皆石的沙漠上，尋找任何人魚輪廓的蹤跡。即便不是生物化石，眼下的石頭都是怪誕得無以復加，有些石頭不合情理的龐大，有些外型粗糙扭曲面目猙獰，有些老態龍鍾，世間絕無僅有。

　　路易突然掉過頭來，娓娓地對著我說：「我們一定要找到露西，餵她吃下這長生不死藥。」他從懷中掏出一顆殷血紅色的藥丸，是使用紫色天鵝的血，再加人型靈芝，和人身獅臉獸的腦汁搗碎而成。

　　「是的。」語言間有恭敬不如從命的意味。

　　龍在空中盤桓，找到方向，出發。

　　我們來到賈迪絲的宮殿堡壘，嚴陣以待的是人身牛頭怪，蛇臉人身和各種動植物。路易把腰間佩劍拔起，就毫不猶豫地朝宮殿飛去。我也不示弱，拔矛助攻。一場搏鬥，血腥衝刺的場面正上演著。

　　從來就不知道自己如此驍勇善戰。幾回合後，那些妖魔鬼怪都一一戰敗。不知道自己是否精神失常，還是什麼，眼前虛幻無常，若真若假。我有一種現實夢幻交替的錯覺。路易就是那個導師。他把我眼珠聚焦的催眠水晶鐘擺收起，拍拍我的臉頰。「後來呢？後來怎樣？」我懊惱路易的催眠在高潮之際嘎然而止。「你以為你會活著回來？別傻了。」路易哈哈大笑。我們在嘻笑中，結束了下午的行程。腳上滿滿的沙礫，被帶去了下一站。

　　和路易分道揚鑣時，我眼眶紅紅，流下兩行熱淚。這是我在整個旅途中認識的最好的朋友。我們在一起旅行只有有五天，卻好像五年一樣。他是沙發客，在紐西蘭不花一分錢住宿。搭我順風車的這五天，也住在我的車上。19歲，和我天差地別，卻想不出我倆如此默契。我拍一拍他的肩，祝他一路順風，回頭走開時，竟踩痛他的腳。

　　哈，這是我送給他最後的禮物吧！

幾萬年前的鯨魚化石。

1 鯨魚化石考古地，嶙峋石頭，暴露在眼臉下。

2 丹唐的消失世界中心。

1　全世界有哪個地方有怎麼多的怪石，齊聚一堂，難怪受安德魯．亞當森的青睞。
2　到底是哪個仙人在海岸上留下圓石？——莫拉奇巨磊群（Moeraki Borders）
3　陶土崖（Clay Cliffs）如多指山一樣，是風化作用的成果。
4　一點一點的靠近。
5　往下一看，多美的石柱。

1　遠古時代的鯊魚齒海豚化石。
2　大象岩的怪石。
3　巨大的奇石，實在夠壯觀魁悟。

32 倘若我在提卡波（Lake Tekapo）生活了一年

我為想像力插上了翅膀，展翅翱翔，想像力飛到一處所在。
那是一潭湖水，下雨後，湖水暈開了，一圈又一圈的水紋，波蕩開去。
我伸出手指頭，握著隱型的水筆，醮泡了墨水，在湖中寫作。

Y從提卡波湖寄了明信片給我，如此寫到：

> 我很感謝生命中璀璨的一年在這美麗的小鎮度過。這令我感到平
> 和、踏實和溫暖。流浪者如我原以為不會在任何地方駐足。不料
> 去年冬天，就被著雪花鵝絨覆蓋著大地的美景而震懾住了，興起
> 了在此定居的念頭，一住就是一年。這一年就像是一瞬間的事，
> 匆匆而來，匆匆而去。就如昨天剛盛開的紫羅蘭，今早就凋謝成
> 空。我有些惆悵，但世界之大，彷彿我不屬於任何地方，又彷彿
> 每一個角落都是我的歸宿。我將離去，去追尋我久違的夢想。你
> 呢？倘若你在這裡一年，那你該怎麼生活呢？
>
> 祝永保安康

　　是的，我該怎麼生活，如果我有一年的光景？我開始運用我的想像
力勾勒出生活在提卡波湖的故事。我將會在湖邊緣租賃大約一百二十坪米
大的房子，離市區稍遠，這樣可以遠離塵囂，有種隱世獨居的蒼涼感覺。
這民房有兩層高，純玻璃蒼穹的設計得天獨厚，具有摩登現代感的格調。
平房面湖，湖心泛起奶白色異樣的光澤。因為是純玻璃，毫無遮蔽，早上

起床就瞧見天花板上穿透而過的杉樹，那麼柔軟自然，好像我就是森林的小精靈。

面湖的小庭院和陽臺分別栽了許多奇花異卉，比如紫薇、丁香、桃花、美人蕉、千日紅、鬱金香、茉莉花等。說到底，我就是愛花。春去秋來，看著院落花屍滿地，免不了如古人長吁短嗟一番。花園的正中央，有一道溫泉池，呈蓮花造景，水邊朵朵蓮花開得正豔。冬天時，氣溫降到零下五度的夜晚，我在燈光的掩映下，徐徐浸泅在噴滾的水流裡。朦朧間，我不知不覺睡著了。醒來時，面對滿天星斗，經過幾萬光年才能肉眼看見的銀河是多麼璀璨精緻。這光亮驅散了我心裡的哀愁，原來這裡是快樂的小鎮。

現實來說，我一定得工作。我會選擇在鎮上的民宿上班。早上7點就和夜班員工交接，或是在櫃檯招待，或是院子打掃。工作很輕鬆，所以我可以一面喝早茶，一面工作。掃落葉、摘杏子，在白楊樹下聆聽天籟般的鳥叫聲，倒是愜意極了。到了10點鐘，就會聽到有人顫顫悠悠走下跳板梯子的聲音。那是客人退房的時刻，有得忙錄了。在櫃檯負責收款，在房裡的就得重新鋪床換床單。我愛貓，尤其是白茸茸的白貓，故民宿最好有一兩隻慵懶和愛撒嬌的白貓。毛髮長長的，一雄一雌，倒也不寂寞。不忙的時候，在廳上看一本雜誌，或是看一會兒電影。最好的時光是和房客交流，如果可以工作半天就更好了。

夏天來臨了，那是我期盼已久的季節。我等待，躑躅著，好不容易等到了氣溫回暖，終於可以到約翰山（Mt. John）去踏青。約翰山就在湖的南邊，只須漫步就能到達。我踩著輕快的步履，青澀的草地味混和著湖心潮濕的氣味，刺激我的鼻翼。忽然間我感到很快樂，無論是晴天、雨天、夏天、冬天，只要能像這樣地走到天涯海角，我覺得好幸福。爬上陡斜的山坡，提卡波湖就漸漸降落，湖的背景是遙遠的高山。這高山漸行漸遠，在迷霧中升起，卻因為看不全，有種迷濛的美麗。

　　閒暇時，我會到山上的咖啡廳喝咖啡。點一杯美式薄荷咖啡，淺呷一口，瞬間眼光綻放了神采。相比室內的星空雅座，我更喜歡露天對著湖景的座椅。當我將那佝僂的身軀陷在木製的高椅背，也彷彿將我的意識靈魂從我的肺腑掏空。我只想發愣，沒來由地發愣。當然，有時候，會帶上一本書，在這個國度，讀一本中國古典文學褻瀆了這美景。應讀一本曠世俱作，諸如《愛因斯坦的夢》（Einstein's Dreams）、《風之影》（The Shadow of the Wind）、《包法利夫人》（Madame Bovary）、《換取的孩子》之類，然後做個好夢。既使不看書，我也可以坐在這裡和陌生的人客天南地北寒暄，也許是耄耋之年的老者的歲月傳奇，也許是鶼鰈情深的夫婦的愛情故事，也許是一個流浪者的傷悲，更多的時候是一個憤疾俗世的批判者。充當一位聆聽者的經驗並不愉快，我更樂於當一名旁觀者。那坐在角落穿著羽絨衣的女人，正等待她的男人嗎？我發現做為這樣祕密的窺探者比一個聊天者更令我心中竊喜，但也因為這竊喜並不長久而令我感到悵然。那些過去的，將會一去不復返。而我的人生卻終就要走下去。

　　我也許會談一場**轟轟**烈烈的戀愛，不在乎天長地久的戀愛。這戀愛就如手中這杯濃縮咖啡般，不加糖，濃濃的苦澀，喝到最後，才會回甘，猶如久旱逢甘霖。我們就在這一年彼此握著你我的手，就是那麼溫柔的手，渡過每一個夜晚和白晝。這咖啡天天不同，可以是簡單的拿鐵，濃郁的奶泡，蕩在杯中，攪拌均勻，平淡之中帶有甜滋滋的味道。可以是卡布奇諾咖啡，牛奶和咖啡合宜地，相濡以沫，好比前世的戀人，可以是愛爾蘭咖啡，鮮奶油白生生的，夾著威士忌，喝起來微醺，有種今朝有酒今朝醉的宿命，彷彿彼此知道這段感情只是一場夢。夢醒了，就什麼也不是。

　　即便是深深深深的夜裡，我也不會嫌這家咖啡廳偏遠，就從晌午待到晚上，可以等待到夜晚，觀賞浩瀚的星空。聽說紐西蘭政府在為這片星空申請成為世界自然遺產，因為那是紐西蘭最空闊璨燦的星空。我可能會參加觀星團，用高高的望遠鏡尋找我的星座──金牛座。聽說金牛座的真命天女是處女座，不曉得是不是真的。

　　我就在這片小地方尋找我的真命天女。

　　如果我們戀愛開花結果，那麼我會在好牧人教堂（Church of the Good Shepherd）前求婚。我夢幻的求婚是在秋天，湖邊的楓樹落葉凋零，喀嚓喀嚓地踩著落葉聲縈繞於耳。我攜著戀人的手，遊移在好牧人教堂前的草皮上。那是一個最浪漫的季節，也是一個許下海誓山盟的所在。由石頭砌成的好牧人教堂其實袖珍般小。灰色屋瓦，粗糙的牆壁，長著叢叢綠草，在秋天轉為黃橘色。裡頭坐著一個中年牧師，舉止儒雅，彬彬有禮，老是對著我笑。新約聖經上如此寫道：「善良的牧羊人，為了保護羊群而犧牲生命，遂而受到耶穌的稱讚說他是好牧人。」而教堂的建立就是要歌功頌德那位好牧人，遙遙相對的是一隻巧小的牧羊犬像（Bronze Sheep Dog）。我喜歡這裡，我的戀人想必也歡喜這裡。因為它很小，小的可以一目了然，所有小的東西對我而言都具有吸引力。那天的求婚應該格外的自然，清新。那天一定會下雨，順著好牧人教堂的瓦棱，彎彎曲曲地。一眨眼間，屋簷掛上了一道水簾。這雨來得快也去得快。當她說我願意的時候，抬起頭來，雪山後陡然升起了兩道彩虹。那將是我人生相簿中最美的時刻了。

　　夜裡的好牧人教堂，少了冬雪，卻多了星星為背景，所以適合拍婚紗照。望著滿天星斗，我冀望我們的情感如星星的生命一樣老，燃燒了一萬年都不停歇。如果最後我們真的結婚，婚禮一定要辦在這裡，而且會是晚上，因為有星星月亮的祝福，感情才能持久。

　　想到這裡，我真狠不得我有三百六十五天在提卡波湖，只可惜我只有三天。

| 1 |
| 2 |

1　提卡布湖畔風光，時光慵懶得幾乎靜止不動。

2　巧小玲瓏的好牧人教堂。

1 約翰山的咖啡廳。
2 牧羊犬像,和好牧人
　教堂遙遙相對。

1　提卡布湖的藍，格外
　　吸引人。
2　尖頂三角錐型的就是
　　庫克山。

| 1 | 1 一片一片的薄冰飄呀飄的,在湖上,是冰蝕湖。 |
| 2 | 2 高空觀賞庫克山。 |

▌ 塔斯曼冰川（Tasman Glacier）。

高空觀賞提卡波湖。

33 在漢默泉眼（Hanmer Springs）回憶小時候的舊時光

多年以後，我依然會想起童年的美好時光，
以及那些尾隨而至留在鼻端上快樂的味道，充塞在我身上的每個細胞。

小時候，爸爸總愛帶我和哥去爬山。那時候，我們就住在北海，年紀也只有六歲。每個周日，爸爸便駕著車載我們去大山腳爬山，風雨不改。早上五點就起床，六點到到山腳下，黑漆漆的一片。我年紀小，總是要走在最中央，夾在爸爸和哥哥之間。主要是我膽子小，老幻想左右兩旁的峭壁和斜坡，有鬼怪出沒，一伸手就抓到我。我感到非常害怕。我們總是沒有爬到山頂，在最後一個亭子，休憩過後，就掉頭折返下山。

這樣的日子一直重複著。其實，每一回爬山，腳總是特別痠疼，小腿青筋暴起，綠油油，像樹葉的葉脈。我每次走到氣喘吁吁，總哭著央求停下來休息，都會換來兩人的白眼，只好眼巴巴地走下去，所以這項全民運動。可想而知，是苦差。然而，不管再怎麼辛苦，弔詭的事，我還是堅持，每個星期都會重來一次。

就是這樣，我每個星期爬山去。也不是風景特別優美，卻就是如此傻氣和執著，守著一個盟約。我困惑著，一個再怎麼美麗的山，如果每一天，或是每一周，我都這樣走著，看著，難道我不覺得千篇一律？果真，不知什麼時候開始，我們就不再去爬山。興許，我們就是對景色感到疲倦。或許，我們的精力轉移到別的興趣上。我發現我就是一個喜新厭舊的人。新鮮的、美好的，我都愛；古舊的、陳年的，我都厭。

　　來到紐西蘭的漢默溫泉小鎮，當我爬上這座圓錐丘山（Conical Hill），步行沿著鋸齒般的山路而上時，童年的回憶就卻上心。那個小時候的美好時光，不管再怎麼樣，都不會倒流，都不會重現。

　　和小時候成了強烈對比的，是此刻的我形單影隻，山路旁滿是松林，梧桐樹和不知名的奇珍異樹。冬天過去了，地上卻還佈滿了落葉。我邁開細碎的腳步，落葉在腳板下窸窣作響。微風過處，松葉簌簌，陽光蕩漾，恍惚如夢。並肩而行的是漢默溫泉小鎮的居民，和我小時候一樣，風雨不改。他們有的拖兒帶女，有的扶老攜幼，守候著盟約，一步一步爬上山去。因為他們相信再怎麼平凡的事，也會有旖旎的風景。就是因為這樣的信念，他們才會對這片山水不離不棄。

　　斯蒂芬妮（Stephanie）是我在山上邂逅的當地人。她今年已八十餘歲了，卻挺著硬朗健壯的身體，拄著拐仗，一步步爬上山去。她的臉上看不見歲月留下的風燭殘年，頭上看不見時光蹉跎的花甲蓬鬆。臉頰素淨，眼梢挑高，嘴唇豐厚。別的老人全身肌膚暗沉，她卻相反，細皮嫩肉的。這是她每天必作的功課，下了山，就步行到市集採買，然後準備午餐。女兒就帶著子孫放學回來。含飴弄孫的晚年生活，好不惬意。令人驚訝的是這麼多年來，她未曾離開過紐西蘭半步。「好美。」這話說得自然，不造作。說這話時，她已經佇立在山頂上。天空大晴，陽光被松樹撕得粉碎。

　　我不解為何一個遲暮的老人，每天走同樣的路，依然會感到美麗。當我小時候離開山的那一刹那，我就知道，是不願意一成不變，是不願意千年如日，所以我們停止了爬山。然而斯蒂芬妮呢？她走過這山已有八十年之久。

　　「因為每一個不同的季節，都會有不同的風景，每一天都會有新的發現，每一個時刻都有可能把心情抱持到最美，故而萬物皆美。當你覺得所有的風景都很美麗，這世上就沒有什麼醜陋的東西。景色如此，生命也是如此。當你覺得平靜淡薄，你就不會在平凡之中發掘小樂趣。我不曾離

開這片島國，是因為任何美麗的萬物都可以在這裡見到，並不否認他國也許有更美麗的事物，那又如何呢？我只想這樣簡單就心滿意足。」她說地聲嘶力竭，毫無掩飾的誠懇。我無從招架。如此一言，一解了我的疑慮。

漢默溫泉小鎮的崛起，並非一朝一夕。

1859年4月，基督城西北部一百三十公里處，凱庫拉（Kaikoura）西南六十五公里處，威廉・鐘斯（William Jones）在林中的洞穴裡，發現了煙霧縹茫，燒開水一樣的沸水騰空而起。這一項發現改寫了這片盆地的歷史。起初，這塊環山擁抱的地域荒蕪，沒有人氣，交通不便，只能拿著刀披荊斬拙才能進入。

1879年，當地人建了鐵棚，把天然的溫泉池圍繞住，方便沐浴。後來，第一個人造溫泉池建成。

1883年，政府在溫泉池附近，建了小木屋，以吊掛男女的褲子和裙子，區分男女湯。

1897年，溫泉池變身軍人療養院。可悲的是，第一次世界大戰，一把火就把它燒光了。

1916年，第一間溫泉療軍醫院——瑪麗醫院（Queen Mary Hospital）誕生，病房非常奇特，八角型設計，長廊銜接，透明洞天屋瓦造型，陽光滲了進來。空氣清新，正適合療養，後來擴展到治療高血壓、焦慮、神經病患者，酗酒和吸毒者等。

表面上，從1859年的溫泉發現，到今天，一座莽荒之地，如蝴蝶蛻變，越變越絢麗。漢默溫泉路的建成，開啟了小鎮的發展，彷彿就是一把利刃，直捅入坎特伯利的南阿爾卑斯山的內陸，帶動了人口遷徙，經濟活動的脈入。如果人就是一潭水，那麼這水流到漢默溫泉這片低谷，旋轉、盤旋，直到溢出，就只有七八十年光景，卻把原本留在小鎮的寧靜給破壞了。

　　「我小時候，屋前屋後，還不到二十戶人家。我爸爸是軍人，他因為戰爭壓力大，而酗酒。來這間醫院治療時，認識我媽。我媽是醫院的護士，後來結了婚後就住了下來。」斯蒂芬妮喃喃地說著她自身家譜上一輩子的故事。認識斯蒂芬妮是我的幸運，她讓我不再對著瑪麗醫院前冷冰冰的講解牌，瞭解小鎮的歷史，而是活生生熱呼呼，透過口述的理解。雖然一個小鎮的歷史無法勾勒我對紐西蘭的整個印象，但是我就是喜歡貼進歷史的感覺。

　　「那時人很少，鄰里都很熟稔。有幾家人都是從事莊稼業，馬、羊牛、羊駝等，擁有一大片的草原。常常要到基督城去，要花整整一天的時間。我記得爸爸帶我和弟弟到城裡去，那是最快樂的日子。我們先坐馬車到外奧輪渡棧橋（Waiau Ferry Bridge）去，那裡有一家小酒店，投宿了一晚後，乘馬車到古維特（Culverden），再從那裡乘火車到城裡。那時候還沒有漢默溫泉路直通小城，所以我們到鎮上會特別開心。爸爸把自家菜園的菜送到城裡的早市賣，收到的錢，就幫我們舊衣攤辦了些行頭。回來時，大大的皮匣行禮塞滿西裝褲、長衫、高帽、寒衣等。即便不隨爸爸出城去，他也會買了一些有趣的東西，討我們的歡心。比如有一回，就帶了留聲機回來。」

　　「後來漢默溫泉路鋪好了，市議會買下了溫泉療軍醫院改建成休閒溫泉池後，小鎮開發了，原本的二十幾戶，變成了百多戶。」說這話時，斯蒂芬妮心裡鬱悶，好比外來者侵略了屬於他們的小小盆地。今天，旅行社、紀念品商店如雨後春筍，各種活動供選擇，如高空彈跳、滑雪、釣魚，想來必定改變這塊盆地的原始樣貌。而秋高氣爽時，溫泉池更是人頭攢動，客流量一波又一波，像海浪。「我一定不會在秋天去泡澡。」斯蒂芬妮坦言老一輩的紐西蘭人都是平靜症候群，不愛發展的步伐，踩破了紐西蘭的美麗。

　　那一天下午，我慕名來到溫泉池，共有十二種不同溫度的溫泉供選擇，有岩礁池（Rock Pool）、硫磺池（Sulphur Pool）、六角池（Hexagonal

Pool）、家庭池（Family Activity Pool）、清泉池（Freshwater Heater Pool）、心型池（Heart Pool）和私人池（Private Thermal Pool）等。

　　整個溫泉被被蒼翠挺拔的高山大樹圍繞著，浸在水中，伏在瓷磚岸，欣賞這些山山水水。彼時正值冬天，樹葉上都是冰晶，銀髮如絲。由於我骨瘦如柴，又是東方人，當我把浴袍脫掉，露出瘦骨磷峋的竹竿骨架子時，不斷引來紐西蘭人的指指點點和關切的眼光。五個小時，兩個月滯流在身上的死皮，都被烤熱。這是我旅行的尾聲，最後第二站。閉上眼睛，心裡是滿的，那麼踏實。我在回想著過去八個月的點點滴滴，其中有血有淚、有愛有恨。不一會兒這些都將成為過去。

　　那麼美、那麼感動，在這個美好的下午，太容易和人生做一個連結了。

▍圓錐丘山頂遠眺漢默泉眼鎮的全部格局。

1 亞斯派林峰國家公園（Mt. Aspiring National Park）

2 那時是橄欖球世界盃比賽，連漢默溫泉池也掛起了歡迎球迷的牌子，看完球賽，可以來休息一會兒。

34 我和鯨魚的約會

我的表情神色安祥，但是掩不住喜悅，當我看見你的那一刻，
因為那可能是唯一的機會遇見你。

我永遠都不會忘記我在凱庫拉看鯨魚，我覺得。

當我的車子駛進凱庫拉時，已經是晚上，凱庫拉只是個小鎮，兩排
櫛比鱗次的店家，燈火明亮，都是些西餐廳。我來凱庫拉，有幾個目的，
第一是看鯨魚和海豚，然後是吃海鮮和龍蝦，當然最後卻在這裡吃到號稱
為全紐西蘭最大的漢堡，卻是我無法預料。

凱庫拉是毛利文，凱是吃的意識，庫拉是龍蝦，所以來這裡一定要
吃龍蝦。

「凱庫拉是紐西蘭著名的賞鯨之地，這裡之所以有很多抹香鯨是因
為臨近海岸約三公里的地方有一片深達一千公尺的深水溝，這些深水溝有
許多浮游生物、魚蝦，也因為這樣吸引了巨型烏賊、海豹、海豚及鯨魚等
生物，造就了這片紐西蘭賞鯨熱潮。」身穿奶白色上衣旅遊中心工作人員
在用流利的中文向我們述說著，就如說書人那樣，我和身旁的一男兩女的
中國遊客，就如著了魔似的。

「那要怎樣才可以看見鯨魚？」中國人開始不耐煩起來。
「可以乘船、飛機或直升機。」

就這樣，我就坐在賞鯨的船艙上，船已經駛了兩個小時，我的思緒有
些混亂。雖然說船公司再三保證如沒看見鯨魚將會退回八十巴仙回款，但
是和其他坐在船上的人一樣，我不希望退款，我還是想看鯨魚。那是你不
可能在動物園，或博物館看見的。這種龐然巨物，我覺得必須親眼看見。

　　導遊一直不斷解說著鯨魚的常識，在等待船長用測音計探測水底的巨物時。我根本沒聽進腦裡，只聽到導遊說一隻鯨魚在海面上呼吸十分鐘後，就會沉進水裡長達四十分鐘到一小時。嚇，這不是白忙嗎？我心裡犯嘀咕，這怎麼可能，那有這麼巧，鯨魚就剛好在我們的船邊呼吸。

　　船長陸續地在幾個有探測到鯨魚的海域停了下來，遊客，旅人個個站在甲板上，引頸期盼，可惜只聞樓梯聲，不見人下來。人人懊惱地被導遊叫回座位，每當導遊一喊話，大夥兒必須以迅雷不及掩耳的速度跑回座位。船好開動，須知鯨魚換氣只有短短十分鐘，耽擱了一分鐘的時間，可能在到達新海域時，鯨魚已絕尾而去。

　　正當導遊已萬念俱灰，心灰意冷之際，站在麥克風前準備要道歉。

　　「看」忽然船艙左首的遊客一聲驚呼，彷彿哥倫布發現新大陸般，接著人群爭先恐後地朝小小的艙門擠了出去，生怕難得一見的鯨魚就此稍縱即逝。只恨我就坐在船艙右則，費了好大的功夫才擠到甲板上去，卻見五隻，是五隻。我沒有眼花，抹香鯨並排地浮在水上，耳邊喀嚓喀嚓的相機聲不絕於耳，我也顧不得儀態和暈船了，相機拿起來死命地喀嚓喀嚓，只可惜船身搖晃，照片拍來拍去都不見完美，索性拿我的錄影機全程拍下來。

　　抹香鯨是世界上第三巨大的鯨魚。由於我們在船上觀看，無法看見整隻鯨魚，只能見到他深灰色的背鰭和噴孔，大部分的身軀都被大海掩蓋，但這足以讓我們感到興奮和感動。沙沙的噴水聲讓我目不轉睛，瞧得出神。

　　「它要潛進水裡了，快。」導遊一聲大喊，我知道感動的一刻即將到來，那是多少旅人都想拍下珍貴的一幕。五條鯨魚一隻接著一隻，彷彿知道大家在關注它們，他們俏皮地揚起了尾鰭躍然而去。那一刻，我忽然感到鼻頭一酸，熱淚流了下來，耳邊仍然是喀嚓喀嚓的，而我的心裡卻是

撲通撲通。這是我第一次感覺到人類可以和大自然並存的法則。凱庫拉的毛利人上個世紀前忽然停止捕殺鯨魚而改為帶遊客觀鯨的行為是正確的。

自早期的歐洲捕鯨人，羅伯特・法伊夫（Robert Fyffe），在此建立了第一支捕鯨團隊以後，就註定了抹香鯨被蹂躪扼殺的悲歌。一隻一隻的抹香鯨因為身上的油脂可以作為食物而被獵殺。我可以想像大批的血淋淋的鯨魚屍身攤在海岸上的恐怖畫面，揮之不去。我不知道鯨魚會不會流淚，如果他會，那他到底流過了多少淚水。

1850年，鯨魚數量減少，漁民放棄了捕鯨產業。我看見了鯨魚生機的一線曙光，祥和照見了凱庫拉這片崎嶇不平的石灰石礁岩岸。環保鬥士亦不放棄。1964年紐西蘭政府立法限制捕鯨業的發展，並在十四年後宣佈將半島設立為「海洋哺乳動物保護區」。今天，我仍然不知道鯨魚會不會流淚，但是有一點我卻可以相信，鯨魚是會笑的，至少那天在甲板上我看見了鯨魚的笑容，璀璨而討喜。

我手中握著一杯美式咖啡，那是在凱庫拉一家裝潢很有現代感的咖啡廳，吃著樹莓鬆餅。我的心居然有些興奮，好像完成夢想而卸下負擔的優越感，因為我終於看見鯨魚，我覺得。

▌從高空俯瞰海中巨物。

1　邂逅皇家信天翁（Albatross）。　　3　紅通通的龍蝦成了桌上佳餚。
2　全紐西蘭最大漢堡。　　　　　　　4　凱庫拉灣。

35 和警察打交道

那些經驗和回憶，在我人生旅途中留下了不大不小的篇章。
我的人生吸收了這些精華，顯得潤澤光采。

有好多次和紐西蘭警察打交道的經驗，是我在馬來西亞不曾經歷過的。

那時，我們駕著一輛車子去玉黍蜀園。回程時，順道去罐頭廠載兩個屋友。車上已坐了五個人，兩個男屋友就勉強擠在車後座。上車前，大夥兒商議，若在路上遇上了交警，兩個男屋友就躲在後車廂，用一塊帳蓬布遮蓋著，不發出任何聲響，這樣蒙混過去。

旅行車，後車廂比較寬敞，橫豎已商討了萬全之策，但是我們心裡還是不希望派上用場。韋恩就駕著車，往回家的路上走。一路上有說有笑，我坐在副駕駛座，搖下車窗，耳聽路上車子轟鳴，眼觀車流匯成長長筆直的河流。小鎮井然有序間，鋪成了棱角分明的樓宇。一切看似平平無奇的人生，中規中矩，沒有事要發生的樣子，其實正醞釀著。我們剛駛過哈斯丁，就出事了。

遠遠的，有一道藍光，立在路口，輪廓顯現、明暸。燈火照耀下，是一個交警。韋恩面露難色。車上的人開始喧騷。兩個男子立馬跨上後車廂。詩馬上把帳蓬布工整地鋪在兩人身上。

「噓，記得不要發出聲音。」阿金千萬囑咐。
「還有不要動。」詩如果不叮嚀，恐怕兩個小夥子會在那裡發抖。可憐，兩人瑟縮在後車廂一隅，被帳蓬布蓋著，還得把身體拗成方塊壯，總不成顯現出人型。

　　晶晶就安撫好大家。

　　「裝做沒事一樣，要鎮定。」

　　「怎麼辦，沒帶駕照。」輪到韋恩焦慮。

　　藍色外淺藍內的交警，舉止和藹微笑著，示意我們停下車。每個人都屏住氣息，車子氣氛凝重，彷彿奔喪歸來。「可以看一下你的駕照嗎？」交警臉帶著笑，眯著眼對著韋恩。韋恩整張臉都漲紅了，看得出他冒著冷汗。

　　交警彷彿洞悉了什麼，善解人意地改口：「你有駕照嗎？」這句話散發了善意，顛覆了警官嚴肅的古板印象。「有，但是……。」韋恩心裡惴惴，支支吾吾的，有一塊大石在我的喉咽哽住。「沒關係。」此話一出，大石瞬間咕嚕吞進肚裡。

　　是夜，交警手握一把手電筒，對著我們車裡，猛照。當燈光往後移，陰靈被劃開，所有祕密無所遁形。冷汗涔涔落下，沿著額頭的弧度。當交警對著車後那一大陀吊詭的東西，看了又看，滿臉狐疑。車上每人大氣都不敢喘了一下。

　　這時，交警就突然笑了出來，打量了車上每個人的臉。半晌，也不知是否看出端倪，就湊進了韋恩的耳垂，說著悄悄話，對著韋恩眨巴著眼。

　　放行。

　　一踩油門，就闖了過去。

　　到底交警和韋恩說了什麼？

　　威靈頓的維多利亞山（Mt. Victoria）是個標準的俯瞰都市夜景的地段。峽窄婉延的登山路，夾在民宅之間，像是三明治一樣，迢迢向無知的未來，窄小得只能容下一輛車上下川行。下山時，我驚訝地發現，如此窄小的路段旁豎立了一個告示牌，時速一百公里。天呀，紐西蘭人是神嗎？居然可以在如此區折彎曲的路段以時速一百行駛，簡直是匪夷所思。我打

開車窗，駕著車往下，小心翼翼。不到五分種，我將到山下時，跟在我車尾的警車，開了鳴笛。是沖著我來的嗎？是的，我在山下，停了下來。

「拿出駕照。」一貫的例行公事，我戰戰兢兢把馬來西亞駕照交給他。英語的版本不見了。

「為什麼駕這麼慢？」警察開始發射炮彈。

蓄儲已久的演戲天分，不得不派上用場。我反過臉眨著眼，直到淚線泌出淚珠。開始傾訴自己的人生悲苦。

「在馬來西亞，我很少走山路，馬來西亞很少山，而且山路很危險，所以我們都駕得慢。」

「你一個人到處旅行嗎？」

「是的。」

「來，酒精測試，張開口。」他命我把酒測儀含進口中，一切正常。

「沒有，我只是擔心你醉酒駕駛，一個人旅行要小心。」警察貼心地說。

莫土伊加（Motueka）的夜晚，月光魅惑地灑了下來。街燈陰森地亮著，空無一人的大街。我睡到一半，突然膀胱腫脹，遂起身在車前的廁所小解。不料，剛從公廁出來，就見到了一個警察。他對著我不懷好意地笑了一下，很狡滑的樣子。

「你在這裡幹什麼？這裡不可睡覺喲。」我轉過身去，瞥著他，臉上陽光湮沒，一片荒蕪。

「沒有，我沒有在這裡睡覺。」話語方畢，只聽轟隆一響，引擎軋軋地響了起來，不到一秒中。只見一輛車，揚長而去，噴了警察一頭烏煙瘴氣。實在不曉得該往那裡去，在住宅區亂兜亂轉，從來沒有這麼一刻，感到天地之大，卻無容身之處的感受。就在我兜兜轉轉間，又碰見了剛才那位民警。

　　他攔下了我，粗聲粗氣地問：「你到底想到那裡去？」我咬緊牙關，腦海中瞎掰出了一個地名來。「就在哪。」警方把手遙遙地向一條通不到盡頭筆直的路，吊住了我的胃口，只好硬著頭皮在警察的監視下，往那條路駛去。我背部發麻，好像那警察無處不在。半路在一家民宅路旁歇了下來，摩挲著到天亮。

　　接下來的幾天就在森林局隱密的小空地裡過夜。

▌維多利亞山的威靈頓夜景，一下山就遇見了警察。

後記

　　朦朧中，我被嘰哩咕嚕的說話聲給吵醒，睜開眼睛，原來天已大明。一個身體嬌小的女子立在我身邊，是梅根（Megan）。我倆沒有相約卻巧合地登上同班飛機。還有一個23歲的小夥子羅伯特（Robert），他是我在特里維廉工作認識的工友。這裡是飛機場寬敞的入口處，我的背包行李，如此碩大。光陰似箭，九個月的打工度假就如此結束，只是一眨眼間。

　　登上飛機的一瞬間，也意味著流浪的結束。我的心情輕快地跳躍著，哼著齊豫的那一首歌《橄欖樹》。

　　「不要問我從哪裡來，我的故鄉在遠方。」是的，我的故鄉就在吉隆玻。剛下飛機，我對梅根說的第一句話就是「太熱了」。諷刺的事，我竟然懷念這樣的悶熱的天氣，在度過了漫長寒冷的天氣以後，我竟渴望溫暖的陽光。「還是家裡最好。」我的心裡嘀咕。

　　回國後，有那麼一段時間，我像失戀的人一樣，一直無法自己地留戀在夢中的所有時光，無法抽離。我在家附近的烘培店，尋找烤餅和鬆餅的影子。在冷凍超市（Cold Storage）的貨架上瞥見了紐西蘭品牌的薯片，會失控地大喊。和紐西蘭認識的朋友暢快地聚會。和人見面，話題老離不開打工度假。這樣的一種精神寄託，走了將近一年，不知不覺，生活走上了軌道，我變回朝九晚五的白領，生活變得如白開水，淡淡的哀愁。

　　我想每一個打工度假的人，必定在這次旅途中得到了什麼。既使生活軌跡再怎麼平凡，我發現某種無法意會的改變正在潛移默化。不過有一點我卻堅信的是我更愛我自己，在經歷所有旅遊中的痛苦和挫折以後。

　　寫書其實是偶然，是好朋友的慫恿和鼓勵。後來發現，原來我可以這麼多變，在寫作的路上，每一篇文章都費盡了我的心思，顯然後期的寫作，和先前的截然不同。我發現不同的心境諦造了不同的寫作風格。初期，我對當地的生活充滿了懷念和熱忱，歪離了對事情的主觀。後來的文風趨向成熟。而創作亦和旅行一樣給我同樣的收穫，竟是我發現自己韌度可以這麼強，經過了漫長的寂寞的寫作歲月，終於有了這本書的出版。感謝這本書的出版，令我再一次用另一種角度去看待這次旅行。寫完了這本書，心中的大石也落了地。

釀旅人23　PE0098

 流浪紐西蘭，車子就是我的家
　　——不只打工度假，實現夢想的瘋狂270天

作　　者	洪舜勇
責任編輯	林千惠
圖文排版	賴英珍
封面設計	王嵩賀

出版策劃	釀出版
製作發行	秀威資訊科技股份有限公司
	114 台北市內湖區瑞光路76巷65號1樓
	電話：+886-2-2796-3638　傳真：+886-2-2796-1377
	服務信箱：service@showwe.com.tw
	http://www.showwe.com.tw
郵政劃撥	19563868　戶名：秀威資訊科技股份有限公司
展售門市	國家書店【松江門市】
	104 台北市中山區松江路209號1樓
	電話：+886-2-2518-0207　傳真：+886-2-2518-0778
網路訂購	秀威網路書店：http://www.bodbooks.com.tw
	國家網路書店：http://www.govbooks.com.tw
法律顧問	毛國樑　律師
總 經 銷	聯合發行股份有限公司
	231新北市新店區寶橋路235巷6弄6號4F
	電話：+886-2-2917-8022　傳真：+886-2-2915-6275

| 出版日期 | 2016年8月　BOD一版 |
| 定　　價 | 400元 |

國家圖書館出版品預行編目

流浪紐西蘭,車子就是我的家：不只打工度假,實現
夢想的瘋狂270天 / 洪舜勇著. -- 一版. -- 臺
北市：釀出版, 2016.08
　　面；　公分. --（釀旅人；23）
BOD版
ISBN 978-986-445-124-1（平裝）

1. 遊記　2. 紐西蘭

772.9　　　　　　　　　　　　　　　105009108

讀者回函卡

感謝您購買本書,為提升服務品質,請填妥以下資料,將讀者回函卡直接寄
回或傳真本公司,收到您的寶貴意見後,我們會收藏記錄及檢討,謝謝!
如您需要了解本公司最新出版書目、購書優惠或企劃活動,歡迎您上網查詢
或下載相關資料:http:// www.showwe.com.tw

您購買的書名:_____

出生日期:_____年_____月_____日

學歷:□高中 (含) 以下　　□大專　　□研究所 (含) 以上

職業:□製造業　□金融業　□資訊業　□軍警　□傳播業　□自由業
　　　□服務業　□公務員　□教職　　□學生　□家管　　□其它_____

購書地點:□網路書店　□實體書店　□書展　□郵購　□贈閱　□其他

您從何得知本書的消息?

　□網路書店　□實體書店　□網路搜尋　□電子報　□書訊　□雜誌

　□傳播媒體　□親友推薦　□網站推薦　□部落格　□其他_____

您對本書的評價:(請填代號　1.非常滿意　2.滿意　3.尚可　4.再改進)

　封面設計____　版面編排____　內容____　文/譯筆____　價格____

讀完書後您覺得:

　□很有收穫　□有收穫　□收穫不多　□沒收穫

對我們的建議:_____

_____

_____

_____

11466
台北市內湖區瑞光路 76 巷 65 號 1 樓

秀威資訊科技股份有限公司　　　收

BOD 數位出版事業部

‧‧

（請沿線對折寄回，謝謝！）

姓　　名：_____　年齡：_____　性別：□女　□男

郵遞區號：□□□□□

地　　址：_____

聯絡電話：(日) _____　(夜) _____

E - m a i l：_____